일 본 어 능 력 시 험

딱!
한 권

JLPT
N4 독해

저자 JLPT연구모임

일 본 어 능 력 시 험

JLPT
N4 독해

초판인쇄	2021년 6월 2일
초판발행	2021년 6월 12일

저자	JLPT연구모임
책임 편집	조은형, 무라야마 토시오, 박현숙, 손영은, 김성은
펴낸이	엄태상
해설진	한고운, 김수빈
디자인	권진희
조판	이서영
콘텐츠 제작	김선웅, 김현이
마케팅	이승욱, 전한나, 왕성석, 노원준, 조인선, 조성민
경영기획	마정인, 조성근, 최성훈, 정다운, 김다미, 오희연
물류	정종진, 윤덕현, 양희은, 신승진

펴낸곳	시사일본어사(시사북스)
주소	서울시 종로구 자하문로 300 시사빌딩
주문 및 교재 문의	1588-1582
팩스	0502-989-9592
홈페이지	www.sisabooks.com
이메일	book_japanese@sisadream.com
등록일자	1977년 12월 24일
등록번호	제 300-1977-31호

ISBN 978-89-402-9327-0 (13730)

일본어능력시험은 N4와 N5에서는 주로 교실 내에서 배우는 기본적인 일본어를 어느 정도 이해할 수 있는 레벨인가를 측정하며, N1과 N2에서는 폭넓은 분야에서 일본어를 어느 정도 이해할 수 있는지, N3는 N1, N2와 N4, N5의 가교 역할을 하며 일상적인 장면에서 사용되는 일본어의 이해를 측정합니다. 일본어능력시험 레벨 인정의 목표는 '읽기', '듣기'와 같은 언어행동의 표현입니다. 언어행동을 표현하기 위해서는 문자·어휘·문법 등의 언어지식도 필요합니다. 즉, 어휘나 한자, 문법 항목의 무조건적인 암기가 아니라, 어휘나 한자, 문법 항목을 커뮤니케이션 수단으로서 실제로 활용할 수 있는가를 측정하는 것이 목표입니다.

본 교재는 新일본어능력시험 개정안에 따라 2010년부터 최근까지 새롭게 출제된 기출문제를 철저히 분석하여, 일본어 능력시험 초심자를 위한 상세한 설명과 다량의 확인문제를 수록하고, 중·고급 학습자들을 위해 난이도 있는 실전문제를 다루었습니다. 또한 혼자서도 충분히 합격할 수 있도록, 상세한 해설을 첨부하였습니다. 시중에 일본어능력시험 수험서는 많이 있지만, 학습자들이 원하는 부분을 콕 집어 효율적인 학습을 할 수 있는 교재는 그다지 많지 않습니다.

이러한 점을 고려하여 본 JLPT연구모임에서는 수년간의 분석을 통해 적중률과 난이도를 연구하여, 일본어능력시험을 준비하는 학습자가 이 책 한 권이면 충분하다고 느낄 정도의 내용과 문제를 실었습니다. 한 문제 한 문제 꼼꼼하게 풀어 보시고, 일본어능력시험에 꼭 합격하시기를 진심으로 기원합니다.

JLPT연구모임

학습방법

1교시 언어지식(문자·어휘·문법)/독해

문자·어휘

출제 빈도순 어휘 ➡ 기출어휘 ➡ 확인문제

1교시 문자·어휘 파트에서는 문제 유형별 출제 빈도순으로 1순위부터 3순위까지 정리하여 어휘를 제시한다. 가장 많이 출제되고 있는 1자 한자부터, 동작성 명사, 형용사, 동사, 닮은꼴 한자, 명사순으로 어휘를 학습한 후, 확인문제를 풀어보면서 확인하고, 확인문제를 학습 후에는 실전문제를 풀면서 총정리를 한다. 각 유형별로 제시한 어휘에는 최근 출제되었던 단어를 표기해 놓았다.

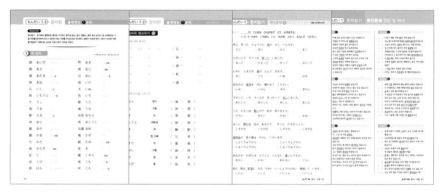

문법

기초문법 ➡ 필수문법 ➡ 확인문제

N4 필수 문법과 경어를 학습하고 확인 문제를 차근차근 풀며 체크할 수 있도록 다량의 문제를 실어 놓았으며, 처음 시작하는 초보자를 위해 시험에 자주 등장하는 기초문법을 수록해 놓았다. 확인문제까지 학습한 뒤에는 난이도 있는 문제를 풀며 실전에 대비할 수 있도록 했다.

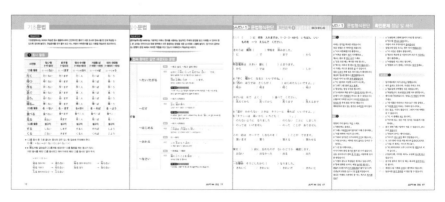

독해

독해의 비결 ➡ 영역별 확인문제

이제 더 이상 문자·어휘·문법에만 집중해서는 안 된다. 과목별 과락이라는 제도가 생기면서, 독해와 청해의 비중이 높아졌기 때문에 모든 영역을 균형있게 학습해야 한다. 본 교재에서는 독해의 비결을 통해, 글을 분석할 수 있는 노하우를 담았다. 문제만 많이 푼다고 해서 점수가 잘 나오는 것이 아니므로, 원리를 잘 파악해 보자.

② 교시 청해

청해의 비결 ➡ 영역별 확인문제

독해와 함께 청해의 비중도 높아졌으며, 단어 하나하나의 의미를 꼼꼼히 듣는 문제보다는 상담·준비·설명·소개·코멘트·의뢰·허가 등 어떤 주제로 회화가 이루어지는지, 또한 칭찬·격려·질책·변명·걱정 등 어떤 장면인지를 파악해야 하는 문제들이 출제되고 있다. 이에 본 교재는 다양한 주제를 접할 수 있도록 구성하였다.

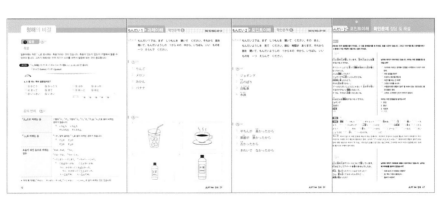

● 실전모의테스트 3회분 (영역별 2회분 + 온라인 종합 1회분)

질로 승부한다!

JLPT연구모임에서는 몇 년 동안 완벽한 분석을 통해 적중률과 난이도를 조정하여, 실전모의테스트를 제작하였다. 혼자서도 공부할 수 있도록 자세한 해설을 수록해 놓았다.

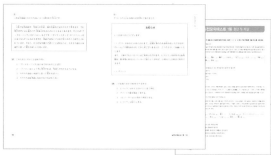

● 무료 동영상 해설 강의

1타 강사들의 명쾌한 실전모의테스트 해설 특강!!

언제 어디서나 꼼꼼하게 능력시험을 대비할 수 있도록 동영상 강의를 제작하였다. 질 좋은 문제와 명쾌한 해설로 실전에 대비하길 바란다.

차례

❶ 시험과목과 시험시간

레벨	시험과목 (시험시간)		
N1	언어지식 (문자 · 어휘 · 문법) · 독해 (110분)		청해 (60분)
N2	언어지식 (문자 · 어휘 · 문법) · 독해 (105분)		청해 (50분)
N3	언어지식 (문자 · 어휘) (30분)	언어지식 (문법) · 독해 (70분)	청해 (45분)
N4	언어지식 (문자 · 어휘) (25분)	언어지식 (문법) · 독해 (55분)	청해 (40분)
N5	언어지식 (문자 · 어휘) (20분)	언어지식 (문법) · 독해 (40분)	청해 (35분)

❷ 시험점수

레벨	배점구분	득점범위
N1	언어지식(문자 · 어휘 · 문법)	0~60
	독해	0~60
	청해	0~60
	종합배점	0~180
N2	언어지식(문자 · 어휘 · 문법)	0~60
	독해	0~60
	청해	0~60
	종합배점	0~180
N3	언어지식(문자 · 어휘 · 문법)	0~60
	독해	0~60
	청해	0~60
	종합배점	0~180
N4	언어지식(문자 · 어휘 · 문법) · 독해	0~120
	청해	0~60
	종합배점	0~180
N5	언어지식(문자 · 어휘 · 문법) · 독해	0~120
	청해	0~60
	종합배점	0~180

❸ 합격점과 합격 기준점

N4의 합격점은 90점이며, 과목별 합격 기준점은 언어지식 · 독해 38점, 청해 19점입니다.

4 문제유형

Ⅰ. 언어지식(문자·어휘·문법) Ⅱ. 독해 Ⅲ. 청해

시험과목		큰 문제	예상 문항 수	문제 내용	적정 예상 풀이 시간	파트별 소요 예상 시간	대책
언어 지식 (25분)	문 자 · 어 휘	문제 1	9	한자 읽기 문제	3분	문자·어휘 15분	문자·어휘 파트의 시험시간은 25분으로 문제 푸는 시간을 15분 정도로 생각하면 시간은 충분하다. 나머지 10분 동안 마킹과 점검을 하면 된다.
		문제 2	6	한자 쓰기 문제	3분		
		문제 3	10	문맥에 맞는 적절한 어휘 고르는 문제	6분		
		문제 4	5	주어진 어휘와 비슷한 의미의 어휘를 찾는 문제	3분		
		문제 5	5	제시된 어휘의 의미가 올바르게 쓰였는지를 묻는 문제	5분		
언어 지식 · 독해 (55분)	문 법	문제 1	15	문장의 내용에 맞는 문형표현 즉 기능어를 찾아서 넣는 문제	6분	문법 18분	총 55분 중에서 문제 푸는 시간 45분, 나머지 10분 동안 마킹과 마지막 점검을 하면 된다.
		문제 2	5	나열된 단어를 의미에 맞게 조합하는 문제	5분		
		문제 3	5	글의 흐름에 맞는 문법 찾아내기 문제	7분		
	독 해	문제 4	4	단문(100~200자 정도) 이해	10분	독해 27분	
		문제 5	4	중문(450자 정도) 이해	10분		
		문제 6	2	400자 정도의 글을 읽고 필요한 정보 찾기	7분		
청해 (40분)		문제 1	8	과제 해결에 필요한 정보를 듣고 나서 무엇을 해야 하는지 찾아내기	약 12분 (한 문항당 약 1분 30초)		총 40분 중에서 문제 푸는 시간은 대략 35분 될 것으로 예상한다. 나머지 시간은 질문 읽는 시간과 문제 설명이 될 것으로 예상한다. 마킹할 시간이 따로 주어지지 않기 때문에 반드시 마킹을 하면서 듣기 문제를 풀어야 한다.
		문제 2	7	대화나 혼자 말하는 내용을 듣고 포인트 파악하기	약 13분 25초 (한 문항당 약 1분 55초)		
		문제 3	5	그림을 보면서 상황 설명을 듣고 화살표가 가리키는 인물의 대답 찾기	약 2분 40초 (한 문항당 약 40초)		
		문제 5	8	짧은 문장을 듣고 그에 맞는 적절한 응답 찾기	약 4분 30초 (한 문항당 약 30초)		

문법 접속 활용표

〈활용형과 품사의 기호〉

활용형과 품사의 기호	예
명사	雪
동사 사전형	持つ・見る・する・来る
동사 ます형	持ちます・見ます・します・来ます
동사 ない형	持たない・見ない・しない・来ない
동사 て형	持って・見て・して・来て
동사 た형	持った・見た・した・来た
동사 의지형	持とう・見よう・しよう・来よう
동사 가정형	持てば・見れば・すれば・来れば
동사 명령형	持て・見ろ・しろ・来い
イ형용사 사전형	暑い
イ형용사 어간	暑い
イ형용사 て형	暑くて
ナ형용사 사전형	丈夫だ
ナ형용사 어간	丈夫だ
ナ형용사 て형	丈夫で
する동사의 명사형	散歩・運動・料理 등 [する]를 뒤에 붙일 수 있는 명사

〈접속방법 표시 예〉

[보통형]

동사	聞く	聞かない	聞いた	聞かなかった
イ형용사	暑い	暑くない	暑かった	暑くなかった
ナ형용사	上手だ	上手ではない	上手だった	上手ではなかった
명사	学生だ	学生ではない	学生だった	学生ではなかった

[명사수식형]

동사	聞く	聞かない	聞いた	聞かなかった
イ형용사	暑い	暑くない	暑かった	暑くなかった
ナ형용사	上手な	上手ではない	上手だった	上手ではなかった
명사	学生の	学生ではない	学生だった	学生ではなかった

JLPT

N4

読解

● 독해의 비결

● もんだい 4　내용이해(단문)
● もんだい 5　내용이해(중문)
● もんだい 6　정보검색

독해의 비결

❶ 문장을 읽는 스킬을 습득하자

✧ 동의어 찾기

동의어란 사전적 의미의 동의어가 아닌 문맥상의 동의어를 말한다. 일본어는 반복 어휘를 기피하는 특징을 갖고 있기 때문에 얼핏 보기에는 2, 3개의 문장으로 보이지만 결국은 1개의 문장을 반복적으로 이야기하며 표현만 바꾸는 경우가 많다.

예제 1 다음 글을 읽고 질문에 답해 봅시다.　　　　　　　　　　　　　　　　　　해석 p.17

> わたしは先月、新しいパソコンを買いました。古いパソコンもまだ使えますが、取り替えました。新しいパソコンは速く動くので、今までよりずっと速く仕事が進みます。
> まだ使えるものを最後まで使った方がいいという人もいますが、仕事をするときは時間がいちばん大切です。古いデータを新しいパソコンに入れるのはちょっと大変でしたが、新しいパソコンにしてよかったと思います。

1. 위 글에서 '새로운 컴퓨터'에 대해서 설명하는 부분에 밑줄을 쳐 봅시다.

정답

> わたしは先月、<u>新しいパソコン</u>を買いました。古いパソコンもまだ使えますが、取り替えました。<u>新しいパソコンは速く動くので、今までよりずっと速く仕事が進みます。</u>
> まだ使えるものを最後まで使った方がいいという人もいますが、仕事をするときは時間がいちばん大切です。<u>古いデータを新しいパソコンに入れるのはちょっと大変でしたが、新しいパソコンにしてよかったと思います。</u>

위와 같은 유사한 표현을 동의어군 또는 동의어 표현이라고 한다. 동의어군을 표시해 주면, 이 글에서 말하고자 하는 포인트를 한 눈에 알 수가 있다. 그럼 다음 문제도 풀어 보자.

　パソコンを新しくしたのはどうしてですか。

　1　パソコンが壊れたから
　2　使えるものは最後まで使いたいから
　3　仕事を速くやりたいから
　4　古いデータを入れるのが大変だから

▶ 새로운 컴퓨터로 바꾼 이유는 속도가 빠르기 때문에 일이 빨리 진행된다. 오래된 데이터를 새로운 컴퓨터에 넣는 것은 좀 힘들었지만, 새로운 컴퓨터로 바꿔서 좋다고 하는 것을 알 수 있으므로 정답은 3번이다.

생략법이란, 주어와 서술어를 파악하고 수식하는 문장을 생략하는 것을 말한다. 글의 흐름을 파악하는 문제의 경우, 생략법을 이용하면 간단하다. 동사 위주로 생각하며 복잡한 문장구조를 단순화시켜보자.

[예제 2] 다음 글을 읽고 질문에 답해 봅시다.   해석 p.17

テニス教室のご案内

いっしょにテニスをしませんか？
時間：　毎週日曜日の午前9時から11時まで
場所：　公園のテニスコート

いっしょにテニスをしたい人は、練習時間にテニスコートに来てください。何月からでも始められますが、途中からは入れません。必ず、その月の初めの日曜日から練習に来てください。

＊注意　この教室はテニスを始めたばかりの人のための教室ですから、3か月まで練習ができます。

1. テニスをしたい人は何を注意しなけれなならないですか。
   테니스를 하고 싶은 사람을 무엇을 주의해야 하는지에 대한 대답을 동사 위주로 적어보자.

A. _____   B. _____

C. _____   D. _____

정답

A. 練習時間にテニスコートに来てください。
B. 途中からは入れません。
C. 必ずその月のはじめの日曜日から練習に来てください。
D. 3か月まで練習できる。

그럼 다음 문제도 풀어 보자.

今日は1月14日で、山田さんはできるだけ早く教室に入りたいです。何月から入れますか。

1　1月　　　　　2　2月　　　　　3　3月　　　　　4　4月

▶ '도중에는 들어올 수 없다. 반드시 그 달의 첫째 주 일요일에 연습하러 와야 한다.' 에서 오늘이 1월 14일이므로 1월에는 참가할 수 없다는 것을 알 수 있다. 정답은 2번이 된다.

⭐ 문장 심플하게 읽기 · 생략법 (정보 얻기)

전달하고자 하는 정보를 얻어야 하는 문제에서는 명사와 한자 위주로 생각하며, 복잡한 문장구조를 단순화하는 연습이 필요하다.

예제 3 다음 글을 읽고 질문에 답해 봅시다.   해석 p.17

アルバイトぼしゅう！
オープンしたばかりのコンビニで、仲間と一緒に楽しく働いてみませんか。
レジや掃除だけではなく、店の中のかざりなどもしていただくため、絵が
上手な人をぼしゅうします。もちろん、明るくて元気なあなたも大歓迎！外
国人も可能！
時給：1,100円　時間：ご自由　興味のある人は、03-3111-133(店長：木村)まで。

1. 위 글에서 <u>명사</u>를 찾아 써 봅시다.

_____

_____

정답

| アルバイト | ぼしゅう | 仲間 | 一緒 | レジ | 掃除 | 店 | 中 | かざり | 絵 | 人 |
| 大歓迎 | 外国人 | 可能 | 時給 | 1,100円 | 時間 | 自由 | 興味 | 店長 | 木村 |

위와 같이 명사를 중심으로 읽어 보면 그 글에서 전달하고자 하는 정보를 쉽게 얻을 수 있다. 이렇게 읽는 것을 생략법 또는 문장을 심플하게 읽는다고 한다. 그럼 다음 문제도 풀어 보자.

アルバイトぼしゅうの内容とあっているものはどれですか。
1　男の人は連絡してはいけない。
2　店の中の掃除も仕事の一つだ。
3　日本人だけをぼしゅうしている。
4　申し込みはインターネットでする。

▶ 위에서 고른 단어 중 성별, 일본인, 인터넷에 관한 어휘가 없으므로, 정답은 2번임을 알 수 있다.

필자의 의도를 파악하는 문제의 경우, 접속어만 잘 알고 있어도 문제는 간단하게 해결된다. 특히 역접의 역할을 하는 접속어 뒤에는 필자가 이야기하고 싶은 내용이 들어가 있으므로 주의하며 문제를 풀도록 하자.

예제 4 다음 글을 읽고 질문에 답해 봅시다. 해석 p.17

さいきん、スポーツは体によくないという人がいます。スポーツ中にけがをすることがあります。さらに暑い時にスポーツをして、死んでしまった学生もいたから、そう思うのでしょう。でもむりをしなければ、スポーツは危ないものではありません。みんなで気をつけながら、スポーツを楽しみましょう。

1. 위 글에서 접속사를 찾아 써 봅시다.

   (   ) (   )

정답

　(さらに / 게다가, 더욱이) (でも / 그래도, 그러나, 하지만)

「さらに (게다가, 더욱이)」는 첨가를 「でも (그래도, 그러나, 하지만)」는 문장 안에서 역접의 역할을 한다. 역접의 접속어 뒤에는 필자의 생각이 숨어 있다.

　この文を書いた人がいちばん言いたいことはどれですか。
　1　スポーツは体によくない。
　2　スポーツをするとけがをしたり、死んだりする。
　3　スポーツは全然危なくない。
　4　無理をしなければスポーツはいいものだ。

▶ 역접을 나타내는 접속어가 있는 경우에는 앞에 쓰여진 내용보다는 뒤에 등장하는 내용의 중요도가 높다. 「でも」 이후의 내용을 파악하면 정답은 4번임을 알 수 있다.

⭐ **지시어 파악하기**

지시어는 문장에서 주체·목적어가 될 뿐만 아니라 쓰임새에 따라서는 주어가 되기도 하고, 이유·근거·목적·가정 등의 문장 전체를 가리키기도 한다. 따라서 지시어 자체가 중요한 것이 아니라 지시어가 가리키는 것이 무엇인지 파악하는 것이 문장을 이해하는데 가장 중요하다고 할 수 있다.

[예제 5] **다음 글을 읽고 질문에 답해 봅시다.**　　　　　　　　　해석 p.17

> レジの前には、電池やガム、ドリンクなど、買う予定ではなかったのについ買ってしまいやすいものが多く並べられています。店が悪いと言っているわけではありません。だた、レジの前では、それが本当に買わなければならないものなのか、もう一度考えるくせをつけたほうがいいかもしれません。

1. 위 글에서 <u>それ</u>가 가리키는 부분에 밑줄을 그어 봅시다.

[정답]

> レジの前には、<u>電池やガム、ドリンクなど、買う予定ではなかったのについ買ってしまいやすいもの</u>が多く並べられています。店が悪いと言っているわけではありません。だた、レジの前では、<u>それ</u>が本当に買わなければならないものなのか、もう一度考えるくせをつけたほうがいいかもしれません。

「それ(지시어)」가 가리키는 것이 무엇인지 생각하면서 다음 문제를 풀어 보자.

この文を書いた人がいちばん言いたいことはどれですか。
1　レジの前のものはできるだけ買わないほうがいい。
2　レジの前のものを買うときはよく考えたほうがいい。
3　レジの前には、生活に必要なものを置いたほうがいい。
4　レジの前には、ものをあまり並べないほうがいい。

▶ 「それ(지시어)」가 가리키는 말이 무엇인가를 생각하면 '그것 즉, 건전지·껌·드링크 등이 정말로 사야 하는 물건인지 한 번 더 생각하는 버릇을 들이는 편이 좋을지도 모르겠다.'라고 했으므로 정답은 2번이 된다.

예제 1

저는 지난달, 새 컴퓨터를 샀습니다. 낡은 컴퓨터도 아직 쓸 수 있지만 바꾸었습니다. 새 컴퓨터는 빠르게 움직여서 지금까지보다 훨씬 빨리 일이 진행됩니다. 아직 사용할 수 있는 것을 끝까지 사용하는 것이 좋다는 사람도 있지만 일을 할 때는 시간이 가장 소중합니다. 오래된 데이터를 새로운 컴퓨터에 넣는 것은 좀 힘들었지만 새 컴퓨터로 바꾸길 잘했다고 생각합니다.

예제 2

테니스 교실 안내
함께 테니스를 하지 않겠습니까?

시간 : 매주 일요일 오전 9시부터 11시까지
장소 : 공원 테니스 코트

함께 테니스를 하고 싶은 분께서는 연습시간에 테니스 코트로 오세요.
몇 월부터라도 시작할 수 있지만 도중에는 들어올 수 없습니다. 반드시 그 달의 첫 일요일부터 연습하러 오세요.
주의: 이 교실은 테니스를 막 시작한 사람들을 위한 교실이므로, 3개월까지 연습할 수 있습니다.

예제 3

아르바이트 모집!
이제 막 오픈한 편의점에서 함께 즐겁게 일해 보지 않겠습니까?
계산과 청소뿐만 아니라 매장 안의 장식도 해야 하므로 그림을 잘 그리는 사람을 모집합니다. 물론 밝고 건강한 당신도 대환영!
시급: 1,100엔 시간: 자유 관심 있는 분은 03-3111-133(점장: 기무라)에게 연락 주세요.

예제 4

요즘 운동은 몸에 좋지 않다고 하는 사람이 있습니다. 운동 중에 부상을 입는 경우가 있습니다. 게다가 더울 때 운동을 하다가 사망한 학생도 있었기 때문에 그렇게 생각하는 것이겠지요. 하지만 무리하지 않는다면 운동은 위험한 것이 아닙니다. 다 함께 조심하면서 운동을 즐깁시다.

예제 5

계산대 앞에는 건전지와 껌, 드링크 등 살 예정은 아니었는데 무심코 사 버리기 쉬운 것이 많이 진열되어 있습니다. 가게가 나쁘다는 것은 아닙니다. 다만, 계산대 앞에서는 그것이 정말 사야만 하는 것인지 다시 한 번 생각하는 습관을 들이는 편이 좋을지도 모르겠습니다.

독해의 비결

❷ 독해에 꼭 필요한 접속어와 문말 표현

✍ 독해 문제를 풀 때 열쇠가 되는 접속어와 문말 표현을 이해하는 것이 가장 중요하다.
여기에서는 N4레벨에서 꼭 외워 두어야 하는 접속어와 문말 표현을 정리했다.

접속어

そして	첨가	그리고
	예문	誕生日に友達からケーキを作ってもらいました。そして父からパソコンももらいました。 생일날 친구가 케이크를 만들어 주었습니다. 그리고 아버지에게 컴퓨터도 받았습니다.
それから	첨가	그리고 나서, 그리고, 게다가
	예문	明日の午前は、授業があります。それから、午後はアルバイトに行きます。 내일 오전에는 수업이 있습니다. 그리고나서 오후에는 아르바이트하러 갑니다.
それに	첨가	게다가
	예문	ずっと雨が降っています。それに風も強くて出かけられませんでした。 계속 비가 내리고 있습니다. 게다가 바람까지 세게 불어서 외출하지 못했습니다.
すると	순접·원인	그랬더니, 그러자
	예문	部屋に荷物を置いて窓を開けました。すると涼しい風が入ってきました。 방에 짐을 두고 창문을 열었습니다. 그러자 시원한 바람이 들어왔습니다.
だから ですから	순접·이유	그래서, 그러니까
	예문	彼は一生懸命勉強しました。だから日本語能力試験に合格しました。 그는 열심히 공부했습니다. 그래서 일본어능력시험에 합격했습니다.
それで	순접·이유	그래서
	예문	昨日の夜から熱が出て眠れませんでした。それで学校を休んで病院へ行きました。 어젯밤부터 열이 나서 잠을 못 잤습니다. 그래서 학교를 쉬고 병원에 갔습니다.
それなら	순접	그렇다면, 그러면
	예문	A: 重要な会議があるのに間に合いそうにありませんが…。 중요한 회의가 있는데, 시간에 맞출 수 없을 것 같아요. B: それなら、タクシーを使いましょう。 그렇다면 택시를 이용합시다.

そのため	순접·이유 그 때문에, 그래서	
	예문	今朝、急に電車がとまった。そのため1時間も遅刻してしまった。 오늘 아침에 갑자기 전철이 멈췄다. 그 때문에 1시간이나 지각하고 말았다.
けど けれども	역접 하지만	
	예문	新しい家は駅から遠くて便利ではありません。けど近くに山があっていいと思います。 새로운 집은 역에서 멀어서 편리하지는 않습니다. 하지만 근처에 산이 있어서 좋다고 생각합니다.
が	역접 ~지만	
	예문	うちの犬はかわいいのですが、何でもかむので少し困っています。 우리집 강아지는 귀엽지만, 뭐든 물기 때문에 조금 난처합니다.
しかし	역접 그러나	
	예문	わたしは兄弟がいないので、ずっとさびしかったです。しかし猫を飼ってからはさびしくなくなりました。 저는 형제가 없어서, 줄곧 외로웠습니다. 그러나 고양이를 키우고 나서는 외롭지 않아졌습니다.
でも	역접 그러나, 하지만	
	예문	ダイエットのために毎朝ジョギングをしています。でも1キロ太りました。 다이어트를 위해서 매일 아침 조깅을 하고 있습니다. 그러나 1킬로그램 살쪘습니다.
ただし	설명 단	
	예문	このコンテストには、だれでも参加できます。ただし、同じコンテストで賞をもらったことがある方は参加できません。 이 콘테스트에는 누구라도 참가할 수 있습니다. 단, 같은 콘테스트에서 상을 받은 적이 있는 분은 참가할 수 없습니다.

문말 표현

~と思います	의미 ~라고 생각합니다 (글쓴이의 생각)	
	예문	朝早く起きて準備しなければならない学生は大変だと思います。 아침 일찍 일어나서 준비해야만 하는 학생은 힘들다고 생각합니다.
~と思われている	의미 ~라고 여겨지고 있다	
	예문	人類は、アフリカで誕生したと思われている。 인류는 아프리카에서 탄생했다고 여겨지고 있다.

~だろう(か) ~でしょう(か)	의미	~이겠지, ~일까, 이겠지요 (의문) ★ 문장 속에서 문제를 제기하거나 필자가 의문으로 생각하는 것을 나타 내는 표현으로, 보통 바로 뒤에 필자가 준비한 답이 숨어 있다.
	예문	星がこんなに美しいのはどうしてだろうか。 별이 이렇게 아름다운 것은 어째서일까?
~ではないか ~ではないだろうか ~ではないでしょうか	의미	~것은 아닐까?, ~것은 아닐까요?
	예문	今は、電車や車の音が静かになったからではないだろうか。 지금은 전철이나 자동차 소리가 조용해졌기 때문은 아닐까?
~つもりだ	의미	~예정이다
	예문	明日は小さいときに通っていた中学校に行くつもりです。 내일은 어렸을 때 다녔던 중학교에 갈 예정입니다.
~かもしれない	의미	~일지도 모른다
	예문	店にはなくても、インターネットには売るかもしれません。 가게에는 없어도, 인터넷에는 팔지 모릅니다.
~てほしい ~てもらいたい	의미	~하길 바라다, ~해주었으면 한다
	예문	日本に来てから料理を作れるようになったので、母にわたしの 料理を食べてほしかった。 일본에 오고 나서 요리를 만들 수 있게 되어, 엄마가 나의 요리를 먹어 주길 바랐다.
~てはいけない	의미	~해서는 안 되다
	예문	公園の入り口にオートバイをとめてはいけません。 공원 입구에 오토바이를 세워서는 안 됩니다.
~からだ	의미	~이기 때문이다
	예문	このコーヒーが人気なのは、香りがいいからです。 이 커피가 인기가 있는 이유는 향기가 좋기 때문입니다.
~そうだ	의미	~라고 한다
	예문	具合が悪くなるまえに、薬を飲んだほうがいいそうです。 컨디션이 나빠지기 전에 약을 먹는 편이 좋다고 합니다.

もんだい 4 ▸ 내용이해(단문)

학습, 생활, 업무와 관련된 화제·장면을 다룬 비교적 쉬운 난이도의 100~200자 정도의 글을 읽고 내용에 대한 이해를 묻는 문제. 예상 문항 수는 4문항이며 문제풀이 시간은 10분이다.

포인트   주어진 시간 안에 철저히 풀기

〈もんだい4〉에서는 주로 글 전체의 내용을 이해하고 있는지를 묻는다. '본문의 내용과 맞는 것은 무엇인가'와 같은 단순한 질문은 거의 없으며 실제 글의 내용을 이해하고 그에 맞게 행동할 능력이 있는가를 묻는 문제가 많이 출제된다.

예를 들면「何をしなければなりませんか。(무엇을 해야 합니까?)」「どうしたらいいですか。(어떻게 하면 됩니까?)」와 같은 형식이다. 또,「~でないものは何ですか。(~이 아닌 것은 무엇입니까?)」와 같은 부정형 질문도 출제될 가능성이 있다.

학습요령

출제되는 글은 편지, 메모, 메일, 안내문이 많으며 짧은 설명문도 출제된다.

① 편지, 메모, 메일 등은 포인트에서 언급한 바와 같이 글을 읽고 상황에 맞는 행동이 가능한가를 묻는 패턴이 많다. 본문에 등장하는 정답 이외의 정보에 현혹되지 않고 정답과 상통하는 정보를 확실히 구분하는 능력이 필요하다.

② 안내문은 선택지에 쓰여 있는 정보가 맞는지 아닌지를 찾아내는 능력을 묻는다. 어디를 읽으면 되는지 알기 어려운 글도 있지만 선택지에 있는 단어가 본문 어디에 있는지 찾아내 표시를 하고, 그 앞뒤 문장을 주의 깊게 읽는다면 쉽게 답을 찾아낼 수 있을 것이다. 독해 문제에서는 시간 배분도 중요하다. 〈もんだい4〉와 같은 단문 문제에 필요 이상의 시간을 할애하지 않도록 하자.

もんだい4　つぎの(1)から(4)の文章を読んで、質問に答えてください。答えは、1・2・3・4
　　　　　から、いちばんいいものを一つえらんでください。

(1)　これは、中村さんから田中さんに届いたメールです。

田中さん

　きょうのクラス会に先生も来られるので、午後3時に駅にむかえに行くこ
とになっています。わたしが行く予定でしたが、急に会議に出ることになっ
て行けなくなりました。もし、時間がありましたら、田中さんがかわりに
行ってくれませんか。無理でしたら、ほかの人に聞いてみますから行けるか
どうか、連絡をください。

中村

1　田中さんはこれからどうしなければなりませんか。

1　午後3時に駅に先生をむかえに行く。

2　中村さんのかわりに会議に行く。

3　駅に行けるかどうか、ほかの人に聞く。

4　駅に行けるかどうか、中村さんに連絡する。

(2)　あつこさんがめぐみさんにおくったカードです。

　めぐみ、誕生日おめでとう！
　きょねんはみんなでパーティーをしたけど、今年は家族で旅行するので行けなくてごめんね。でも、かえったら二人でおいしいケーキを食べに行こう。それとも、めぐみが好きなパスタを食べに行く？　どちらか考えておいてね。
　これからはテニスもいっしょに練習して、がんばろう！

あつこ

2　あつこさんはめぐみさんの誕生日に何をしますか。

1　パーティーをする。

2　家族で旅行する。

3　ケーキを食べるかパスタを食べに行く。

4　いっしょにテニスをする。

(3) テーブルの上に、お母さんからのメモが置いてあります。

となりの川上さんのおばあさんが入院したので、病院に行ってきます。

帰りは何時になるかわからないから、夕食はさっきカレーを作っておきました。冷蔵庫の中にはサラダも入っています。

それから、もしお父さんが先に帰ってきたら電話するようにいってくれる？ できるだけ早く帰るつもりだけど、心配するといけないから。

母より

---

3 お母さんはどうしてカレーを作っておきましたか。

1 川上さんのおばあさんが入院したから。

2 帰りがおそくなるかもしれないから。

3 お父さんより先に帰るから。

4 お父さんが心配するといけないから。

(4) 宮本さんの机の上にこのメモが置いてあります。

宮本さん

エリックさんから午前10時と午後2時に電話がありましたので、メモしました。

午前10時

１．先週お願いしたカレンダーは今週の金までに会社に送ってください。

２．全部で500まいで、大きさはB2サイズのものです。

午後2時

１．B2のカレンダーがあと300まい必要になりました。いっしょに送ってください。

２．ミニサイズのカレンダー100まいは来週の月曜までにお願いします。

---

4 宮本さんは金曜までにエリックさんの会社に何を送らなければなりませんか。

1　B2サイズのカレンダーを500まい

2　B2サイズのカレンダーを800まい

3　B2サイズのカレンダーを800まいとミニサイズを100まい

4　B2サイズのカレンダーを300まいとミニサイズを100まい

もんだい4　つぎの(1)から(4)の文章を読んで、質問に答えてください。答えは、1・2・3・4から、いちばんいいものを一つえらんでください。

(1) 市役所の入口にこの案内文があります。

市民ハーフマラソンに参加してください！

第5回市民マラソン　　3月21日(土)午後12時　　市民公園出発

ゆかり市では春の市民ハーフマラソンの参加を受けつけています。
申しこむ方はインターネットで申しこんでください。
コースによって申しこめる日がちがうのでご注意ください。
17さい以下の方はかならずお父さんかお母さんが申しこんでください。

7さい～12さい	1000m	（3月10日まで）
13さい～17さい	3km	（3月12日まで）
18さい以上	20km	（3月13日まで）

5　この案内文の内容にあっているものはどれですか。

1　申しこむ人はインターネットまたは市役所の窓口で申しこめばいい。

2　9さいの子どもは参加できない。

3　15さいの人はお父さんが申しこめば3月13日まで受けつける。

4　30さいの人は20kmで3月13日まで受けつける。

(2) つぎは年末年始の営業時間のお知らせです。

ベストスーパーでは12月末から1月はじめまで、開いている時間は次のように
なります。

   12月29日までは毎日24時間

   12月30日は午前9時〜午後8時

   12月31日は午前9時〜午後6時

   1月 1日〜3日は休み

   1月 4日は午前9時〜午後8時

   1月 5日からいつもと同じになります。

6　このお知らせから何が分かりますか。

 1　12月末から1月はじめまで店が開いている。

 2　1月4日はいつもと同じ時間に店が開いている。

 3　いつもの日は24時間開いている。

 4　1月1日から4日まで休む。

(3) つぎは新しくできた無人コンビニの案内です。

無人コンビニの案内：

はじめにA・B・Cのボックスで品物を確認します。

そのあとお金を入れるところからお金を入れてください。

コンビニカードも使えます。

次に品物の下に書いてある番号のボタンを押してください。

もう一度番号を確認してから「買う」ボタンを押してください。

品物はいくつでも買えます。

さいごに「計算」ボタンを押せば品物とおつりが出ます。

---

7 品物を買うとき、お金を入れたら次に何をしますか。

1 必要な品物があるか確認する。

2 コンビニカードを入れる。

3 品物の番号をボタンで押す。

4 「計算」ボタンを押して品物をもらう。

(4) つぎはお絵かきコンピューターの取り扱い説明書です。

お絵かきコンピューターにようこそ。

はじめに右にある「チップ」のところに500円を入れてから「デザイン」ボタンをおします。(1,000円を入れるとおつりが出ます)

がめんに4つのぼうしが出てきますから、一つ選んでください。

つぎに4つの服が出てきますから、一つ選びます。

さいごに6つの「場所」から一つ選ぶとあなたの絵をかきはじめます。

そのまま見ていれば、3分後にすばらしい絵が出てきますよ。

---

8 「お絵かきコンピューター」について正しいものはどれですか。

1 お金は500円しか使えない。

2 ぼうしを選んでから、3分待たなければならない。

3 ぼうしと服を選んだあとに、場所を選ばなければならない。

4 さいごに絵を見ていると、3分後に「すばらしい」と言う。

もんだい4　つぎの(1)から(4)の文章を読んで、質問に答えてください。答えは、1・2・3・4
　　　　　から、いちばんいいものを一つえらんでください。

(1)

　　道路のまん中を走る電車を見たことがありますか。路面電車といって今か
ら100年以上も前に日本で初めて走りました。その後車がふえて交通が複雑
になると、少しずつなくなって、今は全国で19の会社の電車が残っている
だけです。でも、最近はゆっくり景色を見たり、知らない駅でおりて散歩す
るのが楽しいという外国人にも人気があります。写真が好きな若い人たちも
古い形の路面電車が大好きだそうです。

9　この人は路面電車がどうして外国人に人気があると言っていますか。

1　100年以上の歴史があるから

2　残っている電車が少ないから

3　景色を見たり、おりて散歩するのが楽しいから

4　電車の形が古いから

(2)

うまれて3か月の赤ちゃんは一日に16時間寝るそうです。体がどんどん大きくなる中学生や高校生は8時間から10時間くらい。反対に70さい以上になると6時間寝ればいいといわれています。人間の体が変われば自然に体に必要な寝る時間も変わります。だから「何時間寝なくてはならない」と思わないで、気持ちがいいと感じる時間だけ寝ればいいです。

10 この人がいちばん言いたいことはどれですか。

1 体が大きくなるときはたくさん寝なくてはならない。

2 70さい以上になれば8時間寝てはいけない。

3 気持ちがいいと感じる時間だけ寝ればいい。

4 その人が何さいかで寝る時間がきまっている。

(3)

　テレビを見ていると、アナウンサーの声がきれいに聞こえます。毎日たくさんのニュースを伝えるしごとだから、とても大変だと思います。ことばをまちがえないように話すことはもちろんですが、わかりやすく話すことも必要です。あまり早く話したり、暗い顔で話すことがないように、いつも気をつけているそうです。そのためにはいつも勉強や練習を続けなくてはなりません。

11 アナウンサーに必要でないことは何ですか

1　ことばをまちがえないように話すこと

2　わかりやすく話すこと

3　早く話したり、暗い顔で話すこと

4　勉強や練習を続けること

(4)

> わたしの趣味は切手を集めることです。はじめはきれいな絵がかいてある切手をはって手紙をだしたら、もらう人がよろこぶと思って買いました。でもいろいろな絵の切手を見ていると、とても楽しくなってたくさん集めたくなりました。ときどきインターネットで外国から買うこともあります。まだ行ったことがない国の建物や景色の切手を見ると、世界旅行をしているような気分になれます。

12 この人はどうして切手を集めることになりましたか。

1 手紙をもらった人がよろこぶと思ったから

2 いろいろな絵の切手を見るのが楽しいから

3 外国からもインターネットで買えるから

4 世界旅行をしている気分になれるから

もんだい4　つぎの(1)から(4)の文章を読んで、質問に答えてください。答えは、1・2・3・4
から、いちばんいいものを一つえらんでください。

(1)

学校や会社が土曜日に休むのが普通になっています。でも最近は金曜日も
早く帰るようにしたり、会社に行く時間や終わる時間を自分で決める所もあ
るそうです。自由な時間が多くなりました。では休みをどう使うか。昔は
「遊ぶ」ことは悪いことだと思う人もいました。でも、じょうずに遊べば心
も体も健康になれます。今日は1月1日。1年の初めに今年はゆっくり、遊ぶ
計画を考えてみたらどうでしょうか。

13 この人は心や体が健康になるためにどうすればいいと考えていますか。

1　金曜日に早く帰る。

2　じょうずに遊ぶ。

3　会社に行く時間や終わる時間を自分で決める。

4　ゆっくり遊ぶ計画を考える。

(2)

　車を運転していると、後ろからきた車がはやいスピードでよこを走っていくことがあります。中には窓をあけて「遅いぞ！」と大きい声をだす人もいます。そのあと車のまえに急に入ってきて怖いと思ったことも何回もあります。駅でエスカレーターに乗るとき、いつも右か左をあけてくれる人たちは「お先にどうぞ」と言ってくれるように見えます。それが道路でも同じ気持ちになれないのはどうしてでしょうか。

14　この人がいちばん言いたいことはどれですか。

1　車を運転するときは他の車より遅く走ってはいけない。

2　車のまえに急に入ってくる車には「遅いぞ！」という。

3　車に乗るときも「お先にどうぞ」という気持ちが必要だ。

4　エスカレーターのように道路でも右か左はあけるほうがいい。

(3)

何回も同じことをしているうちに、考えなくても自然にするようになることを「習慣」といいます。朝はご飯でなくパンを食べることや、夜遅く寝ることも習慣だといえます。1日に1回必ず運動するのはいい習慣ですし、たばこをすうのは悪い習慣です。習慣をかえるのは難しいですが、無理なことではありません。

いい習慣を多くして悪い習慣を少なくするために、自分の習慣をチェックしてみたらどうでしょうか。

15 習慣についてこの人が言いたいことはどれですか。

1 朝、パンを食べるのはいい習慣だ。

2 夜早く寝るのは無理なことだ。

3 いい習慣を少なくして悪い習慣を多くするほうがいい。

4 悪い習慣をかえるために自分の習慣をチェックするほうがいい。

(4)

今年のお祭りは天気がよくて、たくさんの人が集まりました。家族でいっしょに来た人たちも多く、小さい子どもが着物を着てうれしそうに写真をとっていました。いちばんおもしろかったのは、音楽に合わせてみんなでおどりをおどることでした。初めておどる人は前の人を見ながら同じように体を動かしますが、なかなかうまくできません。それを見てまわりの人も楽しく笑っていました。

16 おどりを見ていた人たちはどうして笑いましたか。

1 みんながいっしょにおどったから

2 前の人と同じように体を動かしたから

3 初めておどる人がうまくおどれなかったから

4 みんながおどるのが楽しかったから

확인문제 1

문제 4 다음 (1)~(4)의 글을 읽고 질문에 답하세요. 답은 1·2·3·4에서 가장 적당한 것을 하나 고르세요.

(1)

이것은 나카무라 씨로부터 다나카 씨에게 도착한 메일입니다.

다나카 씨
오늘 학급 모임에 선생님도 오시기 때문에 오후 3시에 역으로 마중을 가기로 되어 있습니다. 제가 갈 예정이었지만 갑자기 회의에 나가게 되어서 못 가게 되었습니다. 만약 시간이 있으시면 다나카 씨가 대신 가 줄 수 없겠습니까? 무리라면 다른 분께 물어볼 테니 갈 수 있는지 없는지 연락 주세요.

나카무라

어휘 届く 닿다, 도착하다 | クラス会 학급 모임, 반 모임 | 午後 오후 | 迎えに行く 마중 나가다 | 〜ことになっている 〜하기로 되어 있다 | 予定 예정 | 急に 갑자기 | 会議 회의 | 出る 나가다, 출석하다 | もし 만약 | 時間 시간 | かわりに 대신에 | 〜てもらえませんか 〜해 줄 수 없겠습니까? | 無理 무리 | ほか 그 외, 다른 | 〜かどうか 〜인지 아닌지, 〜할지 말지 | 連絡 연락

1 다나카 씨는 이제 어떻게해야 합니까?
1 오후 3시에 역으로 선생님을 마중 나간다.
2 나카무라 씨 대신 회의에 간다.
3 역에 갈 수 있는지 없는지 다른 사람에게 묻는다.
4 역에 갈 수 있는지 없는지 나카무라 씨에게 연락한다.

정답 4
해설 원래 선생님 마중을 나카무라가 가야 했지만 회의 때문에 못 가게 되어서 다나카 씨에게 부탁하는 내용이다. 마지막 문장에 「〜行けるかどうか、連絡をください(〜갈 수 있는지 없는지 연락 주세요)」라고 했기 때문에 정답은 4번이 된다.

(2)

아쓰코 씨가 메구미 씨에게 보낸 카드입니다.

메구미, 생일 축하해!
작년에는 모두 함께 파티를 했지만 올해는 가족끼리 여행을 가느라 못 가서 미안해. 하지만 돌아오면 둘이서 맛있는 케이크를 먹으러 가자. 아니면 메구미가 좋아하는 파스타를 먹으러 갈래? 어느 쪽인지 생각해 놔. 이제부터는 테니스도 같이 연습하고 열심히 하자!

아쓰코

어휘 おくる 보내다 | 誕生日 생일 | きょねん 작년 | みんなで 모두 함께 | パーティー 파티 | 今年 올해 | 家族 가족 | 旅行 여행 | ごめん 미안해 | かえる 돌아가다 | 二人で 둘이서 | おいしい 맛있다 | ケーキ 케이크 | それとも 아니면 | パスタ 파스타 | どちらか 어느 쪽인지 | 考える 생각하다 | これから 이제부터, 앞으로 | 練習 연습 | がんばる 열심히 하다, 힘내다

2 아쓰코 씨는 메구미 씨의 생일에 무엇을 합니까?

1 파티를 한다.
2 가족끼리 여행간다.
3 케이크를 먹거나 파스타를 먹으러 간다.
4 같이 테니스를 한다.

정답 2

해설 작년에는 모두 함께 파티를 했고 올해는 가족끼리 여행을 가서 못 간다고 했으므로 정답은 2번이다. 3번의 케이크를 먹거나 파스타를 먹는 것은 생일이 지난 후에 여행에서 돌아온 뒤이기 때문에 오답이다.

---

(3)

테이블 위에 어머니의 메모가 놓여 있습니다.

이웃집 가와카미 씨의 할머니가 입원하셔서 병원에 갔다 올게. 집에 몇 시에 올지 몰라서 저녁밥은 아까 카레를 만들어 놨어. 냉장고 안에는 샐러드도 들어 있어.
그리고 만약 아버지가 먼저 돌아오시면 전화해 달라고 말해 줄래? 가능한 한 일찍 돌아올 생각이지만 걱정하면 안 되니까.

엄마로부터

어휘 上 위 | 母 엄마 | 置く 놓다, 두다 | ~てある ~해져 있다 | となり 옆, 이웃 | おばあさん 할머니 | 入院 입원 | 病院 병원 | 帰り 귀가 | 夕食 저녁밥 | さっき 아까 | 作る 만들다 | 冷蔵庫 냉장고 | サラダ 샐러드 | 入る 들어가다 | それから 그리고, 그리고 나서 | もし 만약 | お父さん 아버지 | 先に 먼저 | ~たら ~하면 | 電話 전화 | ~ように言う ~하라고 하다 | できるだけ 가능한 한, 되도록 | 早く 일찍, 빨리 | つもり 작정, 생각 | 心配 걱정 | いけない 안 되다 | ~より ~로부터

3 어머니는 왜 카레를 만들어 놓았습니까?

1 가와카미 씨의 할머니가 입원했기 때문에
2 돌아오는 것이 늦어질지도 몰라서
3 아버지보다 먼저 돌아오기 때문에
4 아버지가 걱정하면 안되기 때문에

정답 2

해설 두 번째 줄에 「帰りは何時になるか分からないから、夕食はさっきカレーを作っておきました(집에 몇 시에 올지 몰라서 저녁밥은 아까 카레를 만들어 놨어)」라는 문장에서 2번이 답인 것을 알 수 있다.

---

(4)

미야모토 씨의 책상 위에 이 메모가 놓여 있습니다.

미야모토 씨
에릭 씨로부터 오전 10시와 오후 2시에 전화가 있었으므로 메모했습니다.

오전 10시
1. 지난주에 부탁했던 달력은 이번 주 금요일까지 회사에 보내 주세요.
2. 전부 합쳐 500장으로 크기는 B-2 사이즈입니다.

오후 2시
1. B2인 달력이 300장 더 필요하게 되었습니다. 같이 보내 주세요.
2. 미니 사이즈 달력 100장은 다음 주 월요일까지 부탁합니다.

어휘 机 책상 | 午前 오전 | 先週 지난주 | お願いする 부탁하다 | カレンダー 캘린더, 달력 | 今週 이번 주 | 金曜
금요일 | 〜までに 〜까지 (완료) | 全部で 전부 다 해서 | 〜まい 〜장 | 大きさ 크기 | サイズ 사이즈 | もの 것 |
あと 그리고, 뒤, 나중 | 必要だ 필요하다 | ミニサイズ 미니 사이즈 | 来週 다음 주 | 月曜 월요일

4 미야모토 씨는 금요일까지 에릭 씨의 회사에 무엇을 보내야 합니까?
  1 B2사이즈 캘린더를 500장
  2 B2사이즈 캘린더를 800장
  3 B2사이즈 캘린더를 800장과 미니 사이즈를 100장
  4 B2사이즈 캘린더를 300장과 미니 사이즈를 100장

정답 2
해설 오전 10시에 달력을 금요일까지 보내 달라고 했고 전부 다 해서 500장, 크기는 B2 사이즈라고 했다. 그리고 오후 2시에
「B2のカレンダーがあと300まい必要になりました。一緒に送ってください(B2사이즈 달력이 앞으로 300장 더 필
요하게 되었습니다. 같이 보내 주세요.)」라는 부분을 통해 앞서 언급한 500장에 300장을 추가해야 한다는 것을 알 수 있
다. 따라서 정답은 2번이고, 미니 사이즈는 오후 2시의 2번 메모에 다음 주 월요일까지라 했으므로 정답과 관련이 없다.

확인문제 2

문제 4 다음 (1)~(4)의 글을 읽고 질문에 답하세요. 답은 1·2·3·4에서 가장 적당한 것을 하나 고르세요.

(1)
시청 입구에 이 안내문이 있습니다.

시민 하프마라톤에 참가해 주세요!
제5회 시민 마라톤 3월 21일 (토) 오후 12시 시민공원 출발
유카리 시에서는 봄의 시민 하프마라톤의 참가를 접수하고 있습니다.
신청하실 분은 인터넷으로 신청해 주세요.
코스에 따라서 신청할 수 있는 날이 다르므로 주의해 주세요.
17세 이하인 분은 반드시 아버님이나 어머님께서 신청해 주세요.
7세 ~ 12세   1000m (3월 10일까지)
13세 ~ 17세   3km   (3월 12일까지)
18세 이상   20km   (3월 13일까지)

어휘 市役所 시청 | 入口 입구 | 案内文 안내문 | 市民 시민 | ハーフマラソン 하프마라톤 | 参加 참가 | 第〜回
제 〜회 | 公園 공원 | 出発 출발 | 〜市 〜시 | 春 봄 | 受けつける 접수하다 | 申し込む 신청하다 | 方 분 | インターネ
ット 인터넷 | コース 코스 | 〜によって 〜에 따라서 | ちがう 다르다, 틀리다 | 注意 주의 | 〜さい 〜세, 〜살 | 以下
이하 | かならず 반드시 | 以上 이상

5 이 안내문의 내용에 맞는 것은 어느 것입니까?
  1 신청하는 사람은 인터넷 또는 시청의 창구에서 신청하면 된다.
  2 9세인 어린이는 참가할 수 없다.

3 15세인 사람은 아버지가 신청하면 3월 13일까지 접수한다.

4 30세인 사람은 20km로 3월 13일까지 접수한다.

정답 **4**

해설 4번이 30세인 사람은 맨 밑 줄에 18세 이상 20km (3월 13일까지)라고 되어 있으므로 정답이다. 1번은 신청할 사람은 인터넷으로만 된다고 했으므로 오답, 2번은 17세 이하는 아버지나 어머니가 신청하라고 했으므로 오답, 3번은 13~17세는 접수기간이 3월 12일까지여서 오답이다.

(2)

다음은 연말연시의 영업시간 알림입니다.

베스트 슈퍼에서는 12월 말부터 1월 초까지, 영업시간은 다음과 같습니다.

　　12월 29일까지는 매일 24시간

　　12월 30일은 오전 9시~오후 8시

　　12월 31일은 오전 9시~오후 6시

　　1월 1일~3일은 휴일

　　1월 4일은 오전 9시~오후 8시

　　1월 5일부터 평소와 같아집니다

어휘 年末年始 연말연시 | 営業時間 영업시간 | お知らせ 알림 | スーパー 슈퍼 | ~末 ~말 | はじめ 시작, 초 | 開く 열리다 | 毎日 매일 | 休み 휴일, 휴식 | いつも 늘, 항상, 평소 | 同じ 같음

6 이 알림으로부터 무엇을 알 수 있습니까?

　1 12월 말부터 1월 초까지 가게가 열려 있다.

　2 1월 4일은 평소와 같은 시간에 가게가 열려 있다.

　3 평소에는 24시간 열려 있다.

　4 1월 1일부터 4일까지 쉰다.

정답 **3**

해설 정답은 3번으로 평소에 24시간 열려 있다는 것은 「12月29日までは毎日24時間(12월 29일까지는 매일 24시간)」이라는 부분에서 알 수 있다.

(3)

다음은 새롭게 생긴 무인 편의점의 안내입니다.

무인 편의점 안내

우선 A, B, C의 박스에서 물품을 확인합니다.

그리고 나서 돈을 넣는 곳에 돈을 넣어 주세요.

편의점 카드도 쓸 수 있습니다.

다음으로 물품 아래에 적혀 있는 번호의 버튼을 눌러 주세요.

한 번 더 번호를 확인하고 나서 [구입] 버튼을 눌러 주세요.

물품은 몇 개라도 살 수 있습니다.

마지막으로 [계산] 버튼을 누르면 물품과 거스름돈이 나옵니다.

어휘 新しい 새롭다 | できる 생기다 | 無人コンビニ 무인 편의점 | 案内 안내 | はじめに 우선, 먼저 | ボックス 박스 | 品物 물품 | 確認 확인 | そのあと 그리고나서 | お金 돈 | 入れる 넣다 | ところ 장소, 곳 | 下 아래 | 番号 번호 | ボタン 버튼, 단추 | 押す 누르다 | もう一度 한 번 더 | いくつ 몇 개 | ～でも ～라도 , ～든 | さいご 마지막 | 計算 계산 | おつり 거스름돈 | 出る 나오다

---

7 물품을 살 때 돈을 넣으면 다음으로 무엇을 합니까?
　1　필요한 물품이 있는지 확인한다.
　2　편의점 카드를 넣는다.
　3　물품의 번호를 버튼으로 누른다.
　4　[계산] 버튼을 누르고 물품을 받는다.

정답 3

해설 돈을 넣은 후에 무엇을 하는지에 대한 질문으로 두 번째 줄에 「お金を入れるところからお金を入れてください(돈을 넣는 곳에 돈을 넣어 주세요)」「次に品物の下に書いてある番号のボタンを押してください(다음으로 물품 밑에 적혀 있는 번호의 버튼을 눌러 주세요)」라고 되어 있으므로 정답은 3번이 된다.

---

(4)

다음은 그림 그리는 컴퓨터의 취급설명서입니다.

그림 그리는 컴퓨터의 방문을 환영합니다.
우선 오른쪽에 있는 '칩'이라고 쓰여 있는 곳에 500엔을 넣고 나서 '디자인' 버튼을 누릅니다.(1,000엔을 넣으면 거스름돈이 나옵니다.)
화면에 4개의 모자가 나오므로 하나 골라 주세요.
다음으로 5개의 옷이 나오므로 하나 고릅니다.
마지막으로 6개의 '장소'에서 하나 고르면 당신의 그림을 그리기 시작합니다.
그대로 보고 있으면, 3분 후에 멋진 그림이 나옵니다.

어휘 お絵かきコンピューター 그림 그리는 컴퓨터 | 取り扱い 취급 | 説明書 설명서 | はじめに 우선, 먼저 | 右 오른쪽 | チップ 칩 | 入れる 넣다 | デザイン 디자인 | ボタン 버튼, 단추 | おす 누르다, 밀다 | おつり 거스름돈 | 出る 나오다 | がめん 화면 | ぼうし 모자 | 一つ 하나 | 選ぶ 고르다, 선택하다 | 服 옷 | さいご 마지막 | 場所 장소 | 絵 그림 | かきはじめる 그리기 시작하다 | そのまま 그대로 | ～分後 ～분 후 | すばらしい 훌륭하다

---

8 '그림 그리는 컴퓨터'에 대해서 맞는 것은 무엇입니까?
　1　돈은 500엔밖에 쓸 수 없다.
　2　모자를 고르고 나서 3분 기다려야 한다.
　3　모자와 옷을 고른 후에 장소를 정해야 한다.
　4　마지막으로 그림을 보고 있으면 3분 후에 '멋지다'라고 말한다.

정답 3

해설 셋째, 넷째 줄에 화면에 4개의 모자가 나오니까 하나 고르고 다음으로 5개의 옷이 나오니까 하나 고르라고 했다. 그 후 이어서 마지막으로 6개의 장소에서 하나 고르라고 했으므로 답은 3번이다. 1번은 둘째 줄에 「1,000円入れるとおつりが出ます(1,000엔 넣으면 거스름돈이 나옵니다)」라고 되어 있으므로 오답이다.

문제 4 다음 (1)~(4)의 글을 읽고 질문에 답하세요. 답은 1·2·3·4에서 가장 적당한 것을 하나 고르세요.

(1)

도로 한가운데를 달리는 전차를 본 적이 있습니까? 노면전차라고 해서 지금으로부터 100년도 더 전에 일본에서 처음으로 달렸습니다. 그 후 자동차가 늘어 교통이 복잡해지자 조금씩 없어져, 지금은 전국에 19개 회사의 전차가 남아 있을 뿐입니다. 하지만 최근엔 천천히 경치를 보거나, 모르는 역에서 내려 산책하는 것이 즐겁다는 외국인에게도 인기가 있습니다. 사진을 좋아하는 젊은 사람들도 오래된 형태의 노면전차를 아주 좋아한다고 합니다.

> **어휘** 道路 도로 | まん中 한가운데 | 走る 달리다 | 電車 전차 | ~たことがある ~한 적이 있다 | 路面電車 노면전차 | 以上 이상 | 初めて 처음으로 | 車 자동차 | ふえる 늘다 | 交通 교통 | 複雑 복잡 | 少しずつ 조금씩 | なくなる 없어지다 | 全国 전국 | 残る 남다 | だけ 만, 뿐 | でも 하지만 | 最近 최근 | ゆっくり 천천히 | 景色 경치 | 知る 알다 | 駅 역 | おりる 내리다 | 散歩 산책 | 楽しい 즐겁다 | 外国人 외국인 | 人気がある 인기가 있다 | 写真 사진 | 好きだ 좋아하다 | 若い 젊다 | 古い 오래되다, 낡다 | 形 형태 | 大好きだ 매우 좋아하다

9 이 사람은 노면전차가 어째서 외국인에게 인기가 있다고 말하고 있습니까?

1 100년 이상의 역사가 있어서
2 남아 있는 전차가 적어서
3 경치를 보거나, 내려서 산책하는 것이 즐거워서
4 전차의 형태가 오래되어서

정답 3

해설 넷째 줄에 「でも、最近はゆっくり景色を見たり、知らない駅でおりて散歩するのが楽しいという外国人にも人気があります(하지만, 최근엔 천천히 경치를 보거나, 모르는 역에서 내려 산책하는 것이 즐겁다는 외국인에게도 인기가 있습니다)」라는 부분에서 답이 3번인 것을 알 수 있다.

(2)

태어나서 3개월 된 아기는 하루에 16시간 잔다고 합니다. 몸이 점점 크는 중학생이나 고등학생은 8시간에서 10시간 정도, 반대로 70세 이상이 되면 6시간 자면 된다고 합니다. 인간의 몸이 변하면 자연히 몸에 필요한 수면시간도 변합니다. 그러니 '몇 시간 자지 않으면 안 된다'고 생각하지 말고, 기분 좋게 느끼는 시간만큼 자면 됩니다.

> **어휘** うまれる 태어나다 | ~か月 ~개월 | 赤ちゃん 아기 | 一日 하루 | 寝る 자다 | ~そうだ ~라고 한다 | 体 몸, 신체 | どんどん 점점 | 大きい 크다 | 中学生 중학생 | 高校生 고등학생 | くらい 정도, 쯤 | 反対 반대 | 以上 이상 | ~ばいい ~하면 된다 | ~といわれる ~라는 말을 듣다, ~라고 일컬어지다 | 人間 인간 | 変わる 변하다, 바뀌다 | 自然に 자연히 | 必要だ 필요하다 | だから 그러니까, 그래서 | ~なくてはならない ~하지 않으면 안 되다, 해야한다 | 気持ち 기분 | 感じる 느끼다 | だけ 만큼

10 이 사람이 가장 말하고 싶은 것은 무엇입니까?
1 몸이 성장하는 때는 많이 자지 않으면 안 된다.
2 70세 이상이 되면 8시간 자면 안 된다.
3 기분 좋게 느끼는 시간만큼 자면 된다.
4 그 사람이 몇 살인지에 따라 자는 시간이 정해져 있다.

정답 3

해설 필자가 가장 말하고 싶어 하는 부분은 대체로 마지막 부분에 있다. 마지막 문장에「だから「何時間寝なくてはならない」と思わないで、気持ちがいいと感じる時間だけ寝ればいいです(그러니 '몇 시간 자지 않으면 안 된다'고 생각하지 말고 기분 좋게 느끼는 시간만큼 자면 됩니다)」라는 내용이 있으므로 3번이 정답이 된다.

(3)

TV를 보고 있으면 아나운서의 목소리가 예쁘게 들립니다. 매일 많은 뉴스를 전하는 일이니까, 매우 힘들 거라 생각합니다. 말을 틀리지 않도록 하는 것은 물론이지만, 알기 쉽게 말하는 것도 필요합니다. 너무 빨리 말하거나 어두운 표정으로 말하는 일이 없도록, 늘 조심하고 있다고 합니다. 그것을 위해서는 늘 공부나 연습을 계속하지 않으면 안 됩니다.

어휘 アナウンサー 아나운서 | 声 목소리 | きれいだ 예쁘다 | 聞こえる 들리다 | 毎日 매일 | たくさん 많이 | ニュース 뉴스 | 伝える 전하다 | しごと 일 | とても 매우 | 大変だ 힘들다 | ことば 말 | まちがえる 틀리다 | 話す 이야기하다 | もちろん 물론 | わかりやすい 알기 쉽다 | 必要だ 필요하다 | あまり 너무, 그다지 | 早く 빨리 | 暗い 어둡다 | 顔 얼굴, 표정 | ～ように ～하도록 | いつも 늘, 평소 | 気をつける 조심하다 | ～そうだ ～라고 한다 | そのために 그것을 위해 | 勉強 공부 | 練習 연습 | 続ける 계속하다 | ～なくてはなりません ～하지 않으면 안 됩니다, ～해야 합니다

11 아나운서에게 필요하지 않은 것은 무엇입니까?
1 말을 틀리지 않도록 말하는 것
2 알기 쉽게 말하는 것
3 빨리 말하거나, 어두운 표정으로 말하는 것
4 공부나 연습을 계속하는 것

정답 3

해설 넷째 줄에「あまり早く話したり、暗い顔で話すことがないように…(너무 빨리 말하거나, 어두운 표정으로 말하는 일이 없도록…)」이라는 부분이 있다. 이렇게 하면 안 된다는 의미이며 아나운서에게 필요 없는 부분으로 정답은 3번이 된다.

(4)

저의 취미는 우표를 모으는 것입니다. 처음에는 예쁜 그림이 그려져 있는 우표를 붙여서 편지를 보내면 받는 사람이 기뻐할 거라고 생각해서 샀습니다. 하지만 여러 가지 그림의 우표를 보고 있자 매우 즐거워져서 많이 모으고 싶어졌습니다. 때때로 인터넷으로 외국에서 사는 경우도 있습니다. 아직 가 본 적이 없는 나라의 건물이나 경치의 우표를 보면 세계 여행을 하고 있는 것 같은 기분이 듭니다.

어휘 趣味 취미 | 切手 우표 | 集める 모으다 | はじめ 처음, 시작 | きれいだ 예쁘다 | 絵 그림 | かいてある 그려져 있다 | はる 붙이다 | 手紙 편지 | だす 내다, 부치다 | もらう 받다 | よろこぶ 기뻐하다 | 買う 사다 | でも 하지만 | いろいろな 여러 가지 | 楽しい 즐겁다 | ときどき 때때로 | インターネット 인터넷 | 外国 외국 | まだ 아직 | ～たことがない ～한 적이 없다 | 国 나라 | 建物 건물 | 景色 경치 | 世界旅行 세계 여행 | 気分 기분

12 이 사람은 왜 우표를 모으게 되었습니까?

　1 편지를 받은 사람이 기뻐할 거라고 생각했기 때문에

　2 여러 가지 그림의 우표를 보는 것이 즐거우니까

　3 외국에서도 인터넷으로 살 수 있으니까

　4 세계 여행을 하고 있는 기분이 드니까

정답 2

해설 처음에는 예쁜 우표를 붙여서 편지를 보내면 받는 사람이 기뻐할 것 같아서 샀다고 하지만 우표를 모으게 된 계기는 둘째 줄 「でもいろいろな絵の切手を見ていると、とても楽しくなってたくさん集めたくなりました(하지만 여러 가지 그림의 우표를 보고 있자, 매우 즐거워져서 많이 모으고 싶어졌습니다)」 부분이 답이 되어 2번이 정답이다.

확인문제 4

문제 4 다음 (1)~(4)의 글을 읽고 질문에 답하세요. 답은 1·2·3·4에서 가장 적당한 것을 하나 고르세요.

(1)

학교나 회사가 토요일에 쉬는 것이 일반적이 되어 있습니다. 하지만 최근에는 금요일도 일찍 돌아가게 하거나, 회사에 가는 시간이나 끝나는 시간을 스스로 정하는 곳도 있다고 합니다. 자유로운 시간이 많아졌습니다. 그럼 휴일을 어떻게 쓰는가? 옛날에는 '노는' 것은 나쁜 것이라고 생각하는 사람도 있었습니다. 하지만 잘 놀면 마음도 몸도 건강해질 수 있습니다. 오늘은 1월 1일. 1년의 시작에 올해는 천천히 노는 계획을 생각해 보면 어떨까요?

어휘 学校 학교 | 休む 쉬다 | 普通 보통 | 最近 최근 | 帰る 귀가하다 | ~ようにする ~하도록 하다 | 時間 시간 | 終わる 끝나다 | 自分で 스스로 | 決める 정하다 | 所 장소, 곳 | ~そうだ ~라고 한다 | 自由だ 자유롭다 | 多くなる 많아지다 | 使う 사용하다 | 昔 옛날 | 遊ぶ 놀다 | 悪い 나쁘다 | じょうずだ 능숙하다, 잘하다 | 心 마음 | 体 몸, 신체 | 健康 건강 | 初め 초, 처음 | 今年 올해 | ゆっくり 천천히 | 計画 계획 | 考える 생각하다 | ~たら ~하면

13 이 사람은 마음이나 몸이 건강해지기 위해서 어떻게 하면 좋다고 생각하고 있습니까?

　1 금요일에 일찍 돌아간다.

　2 잘 논다.

　3 회사에 가는 시간이나 끝나는 시간을 스스로 정한다.

　4 천천히 놀 계획을 생각한다.

정답 2

해설 보기 중 가장 간단한 것이 답이라 오히려 헷갈릴 수 있겠다. 넷째 줄에 「でも、じょうずに遊べば心も体も健康になれます(하지만 잘 놀면 마음도 몸도 건강해질 수 있습니다)」 라는 부분을 읽으면 2번이 답인 것을 알 수 있다.

(2)

차를 운전하고 있으면 뒤에서 온 차가 빠른 스피드로 옆을 달려가는 경우가 있습니다. 그중에는 창문을 열고 '느려!'라고 큰 소리를 내는 사람도 있습니다. 그런 다음 차 앞으로 갑자기 들어와서 무섭다고 생각한 적도 몇 번이나 있습니다. 역에서 에스컬레이터를 탈 때, 항상 오른쪽이나 왼쪽을 비워 주는 사람들은 '먼저 가세요'라고 말해 주는 것처럼 보입니다. 그것이 도로에서도 같은 마음이 될 수 없는 것은 어째서일까요?

> **어휘** 車(くるま) 차 | 運転(うんてん) 운전 | 後(うし)ろ 뒤 | はやい 빠르다 | スピード 스피드, 속도 | よこ 옆 | 走(はし)る 달리다 | 中(なか)には 그 중에는 | 窓(まど)をあける 창문을 열다 | 遅(おそ)い 느리다 | 大(おお)きい 크다 | 声(こえ)をだす (목)소리를 내다 | そのあと 그 후 | まえ 앞 | 急(きゅう)に 갑자기 | 入(はい)ってくる 들어오다 | 怖(こわ)い 무섭다 | 何回(なんかい)も 몇 번이나 | 駅(えき) 역 | エスカレーター 에스컬레이터 | 乗(の)る 타다 | 右(みぎ) 오른쪽 | 左(ひだり) 왼쪽 | あける 비우다 | お先(さき)にどうぞ 먼저 가세요 | 見(み)える 보이다 | 道路(どうろ) 도로 | 同(おな)じ 같다 | 気持(きも)ち 마음 | どうして 어째서, 왜

14 이 사람이 가장 말하고 싶은 것은 무엇입니까?
1 차를 운전할 때는 다른 차보다 느리게 달리면 안 된다.
2 차 앞에 갑자기 들어오는 차에게는 '느례!'라고 한다.
3 차를 탈 때도 '먼저 가세요'라는 마음이 필요하다.
4 에스컬레이터처럼 도로에서도 오른쪽이나 왼쪽은 비우는 편이 좋다.

> **정답** 3

> **해설** 필자가 가장 말하고 싶은 내용을 찾는 문제에서는 맨 앞, 맨 끝에 주목해야 한다. 맨 끝에 「それが道路でも同じ気持ちになれないのはどうしてでしょうか(그것이 도로에서도 같은 마음이 될 수 없는 것은 어째서일까요?)」라는 부분에서, '그것'이라는 것은 「お先にどうぞ(먼저 가세요)」라는 마음을 의미한다. 에스컬레이터에서는 한쪽을 비워 두고 먼저 가라고 배려를 해 주는데 왜 도로에서는(운전할 때) 먼저 가라는 배려심이 생기지 않는 걸까?'라고 이해하면 되겠다. 따라서 정답은 3번이 된다.

(3)

몇 번이나 같은 일을 하는 사이에, 생각하지 않아도 자연히 하게 되는 일을 '습관'이라고 합니다. 아침에는 밥이 아니라 빵을 먹는 것이나, 밤늦게 자는 것도 습관이라고 할 수 있습니다. 하루에 한 번 반드시 운동하는 것은 좋은 습관이고, 담배를 피우는 것은 나쁜 습관입니다. 습관을 바꾸는 것은 어렵지만, 무리한 일은 아닙니다.
좋은 습관을 늘리고 나쁜 습관을 줄이기 위해서, 자신의 습관을 체크해 보면 어떨까요?

> **어휘** 何回(なんかい)も 몇 번이나 | 同(おな)じ 같은 | ～うちに ～사이에, ～동안에 | 考(かんが)える 생각하다 | 自然(しぜん)に 자연스레 | 習慣(しゅうかん) 습관 | 朝(あさ) 아침 | ご飯(はん) 밥 | ～や ～이나 | 夜(よる) 밤 | 遅(おそ)く 늦게 | 寝(ね)る 자다 | 必(かなら)ず 반드시 | 運動(うんどう) 운동 | ～し ～이기도 하고 | たばこをすう 담배를 피우다 | 悪(わる)い 나쁘다 | かえる 바꾸다 | 難(むずか)しい 어렵다 | 無理(むり)だ 무리다 | 多(おお)くする 많게 하다, 늘리다 | 少(すく)なくする 적게 하다, 줄이다 | ～ために ～위해서 | 自分(じぶん) 자신 | チェック 체크 | ～たら ～하면

15 습관에 대해서 이 사람이 하고 싶은 말은 무엇입니까?
1 아침에 빵을 먹는 것은 좋은 습관이다.
2 밤늦게 자는 것은 무리한 일이다.
3 좋은 습관을 줄이고 나쁜 습관을 늘리는 것이 좋다.
4 나쁜 습관을 바꾸기 위해 자신의 습관을 체크하는 것이 좋다.

> **정답** 4

> **해설** 마지막 문장에서 「いい習慣を多くして悪い習慣を少なくするために、自分の習慣をチェックしてみたらどうでしょうか(좋은 습관을 늘리고 나쁜 습관을 줄이기 위해서, 자신의 습관을 체크해 보면 어떨까요?)」라는 부분에 답이 있으며 정답은 4번이다. 3번은 내용이 정반대로 적혀 있다.

(4)

올해 축제는 날씨가 좋아서 많은 사람들이 모였습니다. 가족끼리 함께 온 사람들도 많고, 어린아이가 기모노를 입고 기쁜 듯이 사진을 찍고 있었습니다. 가장 재미있었던 것은 음악에 맞춰 다 함께 춤을 추는 것이었습니다. 처음 춤추는 사람은 앞사람을 보면서 똑같이 몸을 움직이지만, 좀처럼 잘 되지 않습니다. 그것을 보고 주변 사람들도 즐겁게 웃었습니다.

어휘 今年 올해 | お祭り 축제 | 天気 날씨 | たくさんの 많은 | 集まる 모이다 | 家族で 가족끼리 | 人たち 사람들 | 小さい 작다 | 子ども 어린이, 아이 | 着物 기모노 | きる 입다 | うれしそうだ 기쁜 것 같다 | 写真 사진 | とる 찍다 | いちばん 가장, 제일 | おもしろい 재미있다 | 音楽 음악 | 合わせる 맞추다 | みんなで 다 함께 | おどりを おどる 춤을 추다 | 初めて 처음으로 | 前 앞 | 同じように 똑같이, 마찬가지로 | 体 몸, 신체 | 動かす 움직이다 | なかなか 좀처럼 | うまく 잘, 능숙하게 | できる 할 수 있다 | まわり 주변 | 楽しい 즐겁다 | 笑う 웃다

16 춤을 보던 사람들은 왜 웃었습니까?
1 모두가 함께 춤췄기 때문에
2 앞 사람과 똑같이 몸을 움직였기 때문에
3 처음 춤추는 사람이 잘 추지 못했기 때문에
4 모두가 춤추는 것이 즐거웠기 때문에

정답 3
해설 사람들이 웃었다는 내용은 본문 맨 끝에 나온다. 「それを見てまわりの人も楽しく笑っていました(그것을 보고 주변 사람들도 즐겁게 웃었습니다)」라는 문장에서 '그것'이 무엇인지 찾아보면 되겠다. 바로 앞 문장에 「初めておどる人 は…なかなかうまくできません(처음 춤추는 사람은 …좀처럼 잘 되지 않습니다)」라는 부분이 있으므로 정답은 3번이 된다.

もんだい5 › 내용이해(중문)

내용이해(중문)

일상적인 화제·장면을 다룬 비교적 쉬운 난이도의 450자 정도의 글을 읽고 내용을 이해하였는가를 묻는 문제로 예상 문항 수는 4문항이며 문제 풀이 시간은 10분이다.

포인트 **정답은 반드시 본문 안에서 찾자**

〈もんだい5〉는 다소 긴 글이다. 긴 글에 익숙하지 않다면 끝까지 읽는 것만으로도 피곤해질 것이다. 평소부터 긴 글을 자주 접해보는 것이 좋다. 〈もんだい5〉는 1~2개 단락을 읽으면 풀 수 있는 문제가 대부분이며 한 문제 정도는 전체 내용을 이해했는가를 묻는 문제가 나온다.

학습요령

밑줄의 내용을 묻는 문제는 밑줄이 있는 단락 안에 답이 있는 경우가 많으므로 그 부분을 주의 깊게 읽는 것이 좋다. 밑줄 문제 이외에는 본문의 어느 단락을 읽으면 답을 이끌어낼 수 있는가가 중요하다. 이것을 빨리 파악하기 위해서는 단락별로 대략적인 내용을 메모해두면 좋다. 선택지는 모두 상식적인 내용으로 본문의 표현을 가져오는 경우가 많으므로 얼핏 보면 모두 정답인 것처럼 보인다. 대부분 본문의 표현을 그대로 가져오는 것이 아니라 같은 의미의 다른 표현을 사용하는 경우가 많다.

もんだい5 つぎの文章をよんで、質問に答えてください。答えは、1・2・3・4から、いちばんいいものを一つえらんでください。

(1)

東京から電車で1時間くらい行ったところに「緑のレストラン」があります。家で野菜をつくってお店で料理をして出しています。大きな2階の家の1階がレストランで2階は料理教室と住むところです。注文したランチは野菜がたくさん入っていて、どれもおいしくて健康にいいものばかりでした。どうしてこのレストランを始めたのか、店の人にお話を聞きました。「前は東京で会社に行っていました。近くに食堂はたくさんありましたが、どれも1回食べるとまた食べたいとは思いませんでした。体が食べたいと思う料理がなかったんですね。自然の中でできたものを自然の中で食べれば体にもよくて、おいしくなるんじゃないかと思ってこの店を始めました。」

「ここには料理教室もありますが、料理はどこかで勉強したんですか。」

「はい、2年間イタリアに留学して料理学校に通いながら、田舎の家庭料理も勉強しました。」

今、コンビニに行けば忙しい人たちが簡単に食べられるお弁当がたくさんあります。でも、時にはゆっくり、元気に育った野菜たちと自然の中で出会う時間も必要じゃないかと思いました。

1 「緑のレストラン」の説明とちがうものはどれですか。ちがうものです。

1 家でつくった野菜を料理するレストラン

2 大きな2階の家の1階にあるレストラン

3 ランチに野菜をたくさん使うレストラン

4 1回食べるとまた食べたいと思わないレストラン

2 どうしてこのレストランを始めましたか。

1 会社の近くに食堂がたくさんあったから

2 イタリアに留学して料理を勉強したから

3 自然(しぜん)の中でできたものを自然(しぜん)の中で食べたいと思ったから

4 コンビニの弁当(べんとう)がおいしくなかったから

3 <u>体(からだ)が食べたいと思う料理</u>とはどんな料理ですか。

1 1回だけ食べたいと思う料理

2 おなかがいっぱいになる料理

3 イタリアの家庭(かてい)料理

4 健康(けんこう)に良くておいしい料理

4 この人がいちばん言いたいことは何ですか。

1 東京(とうきょう)から1時間行けばおいしいレストランがある。

2 時にはゆっくり自然(しぜん)の中で料理を楽しむ時間が必要だ。

3 外国に留学すればレストランを始めることができる。

4 東京(とうきょう)で会社に行くより田舎(いなか)で生活したほうがいい。

(2)

　　毎年1年の終わりが近くなると、家や会社ではいつもはできないところまでていねいにそうじをします。これを①「大_{おお}そうじ」といいます。へやの中や玄関_{げんかん}はよくそうじをするのであまり汚_{よご}れていませんが、家具_{かぐ}のうしろや、おふろの壁_{かべ}、エアコンの中まできれいにそうじをすると、1日では終_おわらないこともあります。外国_{がいこく}では春にするところもあるそうですが、年末_{ねんまつ}はいろいろ忙しいのに 寒い冬にどうして一生懸命_{いっしょうけんめい}そうじをするのでしょうか。

　　それは新しい年_{とし}をきれいな場所_{ばしょ}でむかえたいという考えがあるからだといいます。1年のあいだに汚_{よご}れたのは家の中だけではありません。人の心も知らないうちに汚_{よご}れているので、そうじをしながら②心の中まできれいにしたいという願_{ねが}いがあるのだと思います。そうじが終_おわって家の中がきれいになると、新しいことを始める準備_{じゅんび}ができたという気持_{きも}ちになれます。いやなことや悪いことは全部_{ぜんぶ}ごみといっしょに捨_すてて、新年_{しんねん}にはいいことだけがあるようにと祈_{いの}るのです。

5　①「大_{おお}そうじ」はどんなそうじですか。

1　家や会社でするそうじ

2　忙しいときにするそうじ

3　いつもはできない場所_{ばしょ}をきれいにするそうじ

4　いつもはできない場所_{ばしょ}を春にするそうじ

6 いつもはそうじしない場所はどこですか。

1　へやの中

2　玄関

3　会社の入口

4　おふろの壁

7 ②心の中まできれいにしたい はどんな意味ですか。

1　家の中をきれいにしたい。

2　新しいことを始めたい。

3　いやなことや悪いことは捨てたい。

4　新年にいいことがあるように祈りたい。

8 1年の終わりのころに大そうじをするのはどうしてですか。

1　あまり忙しくないから

2　1月や2月より寒くないから

3　きれいな心で新年をむかえたいから

4　悪いことがたくさん集まるから

もんだい5　つぎの文章をよんで、質問に答えてください。答えは、1・2・3・4から、いちばんいいものを一つえらんでください

(1)

　きのう初めて日本の「銭湯」に入りました。お金をはらって入るおふろです。旅行の本に書いてあったので前から一度入ってみたいと思っていました。温泉はとても有名ですが、遠くにあるので電車や車で旅行するときしか行けません。この銭湯は家から自転車でも行けるから便利です。この日は時間があったので歩いてきましたが、それでも15分くらいで着きました。それから係の人に460円はらって、男と書いてあるところから入りました。でも中にタオルやせっけんがないことは知りませんでした。それで、もう一度入口のところでお金をはらって「おふろセット」を買いました。他の人は家から必要なものをもってくるようです。おふろはとても大きくて、お湯は少しあつかったですが、きもちよかったです。壁にかいてある大きな富士山の絵を見ていると、温泉に来たような気持ちになったのでまた来たいと思いました。子どもとお父さんが楽しそうにせなかを洗ったり、歌を歌っているのを見たら、国の家族のことを思い出しました。

9 この人はどうして日本の銭湯に入りたいと思いましたか。

1　おかねをはらって入るから

2　旅行の本に書いてあったから

3　日本の銭湯はとても有名だから

4　家から遠いところにあるから

10 家からどうやって銭湯にきましたか。

1 遠くにあるので、電車に乗ってきました。

2 遠くにあるので、車を運転してきました。

3 近くにあるので、自転車に乗ってきました。

4 時間があったので、歩いてきました。

11 温泉に来たような気持ちになったのはどうしてですか。

1 タオルやせっけんがなかったから

2 おふろが大きかったから

3 お湯が少しあつかったから

4 富士山の絵を見たから

12 この人がおふろに入って感じたことは何ですか。

1 このお父さんと子どものように家族といっしょにいたい。

2 はじめておふろに入ったのではずかしい。

3 おふろの中で歌を歌ってみたい。

4 国にあるおふろにもう一度入りたい。

(2)

　　うちにいるネコの名前は「たま」です。人間でいうと30さいくらい。毎日元気に家の中を走っています。いつもわたしと遊ぶのが好きで、寝る時もいっしょですが、食事のときにテーブルの上を走ってごはんを落としたときは大きい声でしかります。ときどき外に散歩に行くと、となりの家に入ったり、近所のネコと遊ぼうとして家に帰ろうとしません。だから散歩は1週間に2回だけです。一番好きな食べものはお母さんがコンビニで買ってくる「ネコのごはん」です。いつも同じものではよくないと思って、わたしが他のものを買ってもあまりよろこんで食べません。この間お母さんがつくったサンドイッチのパンをあげたら、とてもよく食べたのでおどろきました。毛の色はまっしろです。汚れやすいので、よくおふろできれいにしてあげます。毛がたくさんあるから冬でも寒くないと思ったら、いつもふとんの中に入ってあたたかいところからなかなか出てきません。「たま」がいると家の中がとても明るくなります。うちの家族はみんな「たま」が大好きです。

13 「たま」の説明とちがうものはどれですか。

1　毎日元気に家の中を走っている。

2　ときどき外に散歩にいく。

3　毛の色はまっしろなので、汚れやすい。

4　毛がたくさんあるから寒くない。

14 1週間に2回しか散歩しないのはどうしてですか。

1 「たま」が寒いところはきらいだから

2 まっしろい毛が汚れるから

3 となりの家に入ったりして家に帰ろうとしないから

4 テーブルの上のごはんを落とすから

15 「たま」がいちばん好きなたべものは何ですか。

1 お母さんが買ってくる「ネコのごはん」

2 わたしが買ってくるごはん

3 家族といっしょに食べるごはん

4 お母さんがつくったサンドイッチ

16 この人は「たま」をどう思っていますか。

1 食事のときに走るのでいやだ。

2 外にでると家に帰らないのでこまる。

3 パンが好きなのでうれしい。

4 「たま」がいると家の中が明るくなる。

もんだい5　つぎの文章をよんで、質問に答えてください。答えは、1・2・3・4から、いちばんいいものを一つえらんでください

(1)

　子どもに荷物がきたので持って行ったらインターネットでくつを買ったといいました。ところが、はこを開けてみたら考えていた色とちがっていました。インターネットで買い物するのは便利ですが、①こんなときは不便です。買ったものを返すのに時間がかかるし、持ってきてくれた人ももう一度運ばなくてはならないからたいへんです。お店で買えば自分の目でチェックできるし、店の人がいろいろ説明してくれるので安心して買えます。遠くにいる人にプレゼントを送るときはどうでしょうか。いそがしくて遠くに行く時間がない人にはインターネットで簡単に送れるサービスは必要です。体を自由に動かせない人や、近くに店がない人なら家にいても買い物できるのはうれしいことです。お店に行って買い物をするか、インターネットで注文するか、どちらも②いい所と悪い所があります。でも、どちらを選んでも買い物はやはり楽しむことがいちばん大事だと思います。

17　①こんなときとは、どんなときですか。

1　インターネットで買い物したとき

2　子どもに荷物がきたとき

3　注文したものが考えていたものとちがったとき

4　買ったものを返すのに時間がかかるとき

18 インターネットよりお店に行くほうがいいのはどんなことですか。

1 買ったものを返さなくていいこと

2 自分の目でチェックして店の人の説明を聞けること

3 遠くまで行かなくていいこと

4 品物を安く買えること

19 インターネットを利用するとき②いい所でないものはどれですか。

1 いそがしい人でも簡単に遠くに送れること

2 体が自由に動かせない人でも利用できること

3 近くに店がない場所に住んでいても買えること

4 買ったものを運んでくれるので安心して買えること

20 この人がいちばん言いたいことは何ですか。

1 インターネットは便利だが店で買う方が安心できる。

2 店の人がしんせつでなければインターネットを使えばいい。

3 店で買ってもインターネットを利用しても大事なのは楽しむことだ。

4 これからは店よりインターネットで買う人が多くなる。

(2)

　この前こんなことがありました。いつもワイシャツは学校の近くにあるお店でせんたくしてもらいます。ねだんも他の店より安いですが、なによりも朝持っていけば午後6時ころにはできているので、とても便利です。その日店に行ったら、いつもと違う人がいました。朝9時に持って行ってお金をはらい、チケットをもらいました。そのあと家に帰ってから午後になって学校に行きました。でも帰りにお店に行ったら朝もらったチケットがありませんでした。家に忘れてきたようです。「すみません。チケットを忘れました。①つぎに持ってきますから」といいましたが、店の人は「チケットがなければわたせません」と言いました。今まで何回もきていますが、忘れたときは「つぎに持ってきてください」といって、せんたくした服をもらうことができました。何回お願いしても「きそくですから」というだけでだめでした。わたしはつぎの日に必要なので家に帰ってチケットをさがし、夜遅くなってから服をもらうことができました。そのときにもう②この店にくるのはやめようと思いました。

21 この店のいちばんいいことは何ですか。

1　学校から近いこと

2　他の店よりもねだんが安いこと

3　朝持っていけば午後6時ころにはできていること

4　お金をはらうとチケットをくれること

60

22 この人が①<u>つぎに持ってきますから</u>と言ったのはどうしてですか。

1 つぎの日にもってくるのがきそくだから

2 いつもは忘れてもつぎに持ってくればよかったから

3 店の人がもってこなくてもいいと言ったから

4 つぎの日にチケットが必要だったから

23 せんたくした服はわたせないといわれてこの人はどうしましたか。

1 お金をはらって服をもらった。

2 チケットをもらってつぎの日に服をもらった。

3 家に帰ってチケットをさがしてもう一度店にきた。

4 服をおいたまま店にはこなかった。

24 ②<u>この店にくるのはやめよう</u>とあるが、どうしてですか。

1 チケットをもらうのが不便だと思ったから

2 店の人が何回も来ている客に親切じゃなかったから

3 ワイシャツがきれいになっていなかったから

4 学校の帰りにはせんたくした服をもらえないから

확인문제 1

문제 5 다음 글을 읽고 질문에 답하세요. 답은 1·2·3·4에서 가장 적당한 것을 하나 고르세요.

(1)

도쿄에서 전철로 한 시간 정도 간 곳에 '녹색 레스토랑'이 있습니다. 집에서 채소를 재배해 가게에서 요리를 해서 내고 있습니다. 큰 2층 집의 1층이 레스토랑이고, 2층은 요리 교실과 사는 곳입니다. 주문한 런치는 채소가 많이 들어 있고, 모두 다 맛있고 건강에 좋은 것뿐이었습니다. 어째서 이 레스토랑을 시작했는지, 가게 사람에게 이야기를 들었습니다. "전에는 도쿄에서 회사를 다녔습니다. 근처에 식당은 많이 있었지만, 어느 것도 한 번 먹으면 또 먹고 싶다는 생각은 들지 않았습니다. 몸이 먹고 싶어 하는 요리가 없었던 것이죠. 자연 속에서 난 것을 자연 속에서 먹으면 몸에도 좋고, 맛있어지지 않을까 해서 이 가게를 시작했습니다."
"이곳에는 요리 교실도 있는데, 요리는 어디에서 공부하신 겁니까?"
"네, 2년간 이탈리아로 유학가서 요리 학교에 다니면서, 시골의 가정 요리도 공부했습니다."
지금 편의점에 가면 바쁜 사람들이 간단히 먹을 수 있는 도시락이 많이 있습니다. 하지만 때로는 천천히, 건강하게 자란 채소들과 자연 속에서 만나는 시간도 필요하지 않을까 하고 생각했습니다.

어휘 東京 도쿄(지명) | 電車 전철 | 時間 시간 | ～くらい ～정도 | 行く 가다 | ところ 장소, 곳 | 緑 녹색 | レストラン 레스토랑 | 野菜を作る 채소를 재배하다(가꾸다) | お店 가게 | 料理 요리 | 出す 내다 | 大きな～ 큰, 커다란 | ～階 ～층 | 教室 교실 | 住む 살다 | 注文 주문 | ランチ 런치 | たくさん 많이 | 入る 들어가다(오다) | どれも 어느 것이나 | 健康 건강 | ばかり 만, 뿐 | どうして 어째서 | 始める 시작하다 | お話 이야기 | 前 전, 앞 | 近く 근처 | 食堂 식당 | 食べる 먹다 | また 또 | 思う 생각하다 | 体 몸 | 自然 자연 | 中 속, 안 | できる 생기다, (농작물이)나다 | おいしい 맛있다 | 勉強 공부 | ～年間 ～년간 | イタリア 이탈리아 | 留学 유학 | 通う 다니다 | 田舎 시골 | 家庭 가정 | コンビニ 편의점 | 忙しい 바쁘다 | ～たち ～들 | 簡単だ 간단하다 | お弁当 도시락 | でも 하지만 | 時には 때로는 | ゆっくり 천천히, 여유롭게 | 元気だ 건강하다, 활기차다 | 育つ 자라다 | 出会う 만나다 | 必要だ 필요하다

1 '녹색 레스토랑'의 설명과 다른 것은 어느 것입니까? 다른 것입니다.
　1 집에서 재배한 채소를 요리하는 레스토랑
　2 큰 2층 집의 1층에 있는 레스토랑
　3 런치에 채소를 많이 쓰는 레스토랑
　4 한 번 먹으면 또 먹고 싶다고 생각되지 않는 레스토랑

정답 4

해설 1번은「家で野菜をつくってお店で料理をして出しています(집에서 채소를 재배해 가게에서 요리를 해서 내고 있습니다)」에서 알 수 있고, 2번은「大きな2階の家の1階がレストランで…(큰 2층 집의 1층이 레스토랑이고…)」에서, 3번은「注文したランチは野菜がたくさん入っていて…(주문한 런치는 채소가 많이 들어 있어서…)」에서 알 수 있다. 4번의 내용은「前は東京で会社に…どれも1回食べるとまた食べたいとは思いませんでした(전에는 도쿄 회사에…어느 것도 한 번 먹으면 또 먹고 싶다는 생각은 들지 않았습니다)」라는 부분에서, 도쿄 회사 근처 식당에 대한 내용임을 알 수 있다.

2 어째서 이 레스토랑을 시작했습니까?
　1 회사 근처에 식당이 많이 있었기 때문에
　2 이탈리아로 유학가서 요리를 공부했기 때문에
　3 자연 속에서 난 것을 자연 속에서 먹고 싶다고 생각했기 때문에
　4 편의점 도시락이 맛있지 않았기 때문에

정답 3

해설 「自然の中でできたものを自然の中で食べれば体にもよくて、おいしくなるんじゃないかと思ってこの店を始めました(자연 속에서 난 것을 자연 속에서 먹으면 몸에도 좋고, 맛있어지지 않을까 해서 이 가게를 시작했습니다)」라는 부분에서 3번이 정답임을 알 수 있다.

3 몸이 먹고 싶어하는 요리란 어떤 요리입니까?
    1 한 번만 먹고 싶은 요리
    2 배가 불러지는 요리
    3 이탈리아의 가정 요리
    4 건강에 좋고 맛있는 요리

정답 4

해설 「自然の中でできたものを自然の中で食べれば体にもよくて、おいしくなるんじゃないかと思って…(자연 속에서 난 것을 자연 속에서 먹으면 몸에도 좋고, 맛있어지지 않을까 해서…)」라는 부분에서 이 사람이 말하는 '몸이 먹고 싶어 하는 요리'란, 건강에 좋고 맛있는 요리라는 것을 알 수 있으므로 정답은 4번이다.

4 이 사람이 가장 말하고 싶은 것은 무엇입니까?
    1 도쿄에서 한 시간 가면 맛있는 레스토랑이 있다.
    2 때로는 천천히 자연 속에서 요리를 즐기는 시간이 필요하다.
    3 외국에 유학하면 레스토랑을 시작할 수 있다.
    4 도쿄에서 회사에 가는 것보다 시골에서 생활하는 편이 좋다.

정답 2

해설 필자의 주장은 마지막에 나올 때가 많다. 마지막 문장에서 「でも、時にはゆっくり、元気に育った野菜たちと自然の中で出会う時間も必要じゃないかと思いました(하지만, 때로는 천천히, 건강하게 자란 채소들과 자연 속에서 만나는 시간도 필요하지 않을까하고 생각했습니다)」라고 했으므로 정답은 2번이다.

(2)

매년 한 해의 끝이 가까워지면, 집이나 회사에서는 평소에는 할 수 없는 곳까지 정성껏 청소를 합니다. 이것을 ①'대청소'라고 합니다. 방 안이나 현관은 자주 청소를 하므로 그다지 더러워지지 않지만, 가구 뒤나 욕실의 벽, 에어컨 속까지 깨끗하게 청소를 하면 하루 만에 끝나지 않는 경우도 있습니다. 외국에서는 봄에 하는 곳도 있다고 하는데, 연말은 여러 가지로 바쁜데도 추운 겨울에 어째서 열심히 청소를 하는 걸까요?

그것은 새로운 해를 깨끗한 장소에서 맞이하고 싶은 생각이 있기 때문이라고 합니다. 1년 사이에 더러워진 것은 집안뿐이 아닙니다. 사람의 마음도 모르는 사이에 더러워져 있기 때문에, 청소를 하면서 ②마음 속까지 깨끗이 하고 싶다는 바람이 있는 것이라고 생각합니다. 청소가 끝나고 집 안이 깨끗해지면, 새로운 일을 시작할 준비가 되었다는 기분이 될 수 있습니다. 싫은 일이나 나쁜 일은 전부 쓰레기와 함께 버리고, 신년에는 좋은 일만이 있기를 기원하는 것입니다.

어휘 毎年 매년 | 終わり 끝, 마지막 | 近くなる 가까워지다 | いつも 늘, 평소 | できない 할 수 없다 | ていねいだ 정성스럽다, 정중하다 | そうじ 청소 | 大そうじ 대청소 | へや 방 | 玄関 현관 | あまり 그다지, 별로 | よごれる 더러워지다 | 家具 가구 | うしろ 뒤 | おふろ 목욕(탕) | 壁 벽 | 1日 하루 | 終わる 끝나다 | 外国 외국 | 春 봄 | ～そうだ ～라고 한다 | 年末 연말 | いろいろ 여러 가지 | 忙しい 바쁘다 | 寒い 춥다 | 冬 겨울 | どうして 어째서 | 一生懸命 열심히 | 新しい 새롭다 | 年 해, 년 | 場所 장소 | むかえる 맞이하다 | 考え 생각 | あいだ 동안, 사이 | ～だけ ～만, ~뿐 | 心 마음 | 知らないうちに 모르는 사이에 | ～ながら ～하면서 | 願い 바람 | 始める 시작하다 | 準備 준비 | 気持ち 기분 | いやだ 싫다 | 悪い 나쁘다 | 全部 전부 | ごみ 쓰레기 | 捨てる 버리다 | ～ように ～하기를 | 祈る 기도하다

5 ①'대청소'는 어떤 청소입니까?

1 집이나 회사에서 하는 청소
2 바쁠 때 하는 청소
3 평소에는 할 수 없는 장소를 깨끗이 하는 청소
4 평소에는 할 수 없는 장소를 봄에 하는 청소

정답 3
해설 '이것'을 ① '대청소'라 한다고 했으므로 '이것'이 무엇인지 앞 문장을 본다. 「家や会社ではいつもはできないところまでていねいにそうじをします(집이나 회사에서는 평소에는 할 수 없는 곳까지 정성껏 청소를 합니다)」라고 했기 때문에 답은 3번이 된다.

6 평소에는 청소하지 않는 장소는 어디입니까?

1 방 안
2 현관
3 회사 입구
4 욕실의 벽

정답 4
해설 두번째 줄에 「へやの中や玄関はよくそうじをするので…おふろの壁、エアコンの中まできれいにそうじをすると、１日では終わらないことも…(방 안이나 현관은 자주 청소를 하므로… 욕실의 벽, 에어컨 속까지 깨끗하게 청소를 하면, 하루 만에는 끝나지 않는 경우도…)」라는 부분을 보면 욕실의 벽은 평소에 청소하지 않는다는 것을 알 수 있다.

7 ②마음 속까지 깨끗이 하고 싶다는 건 어떤 의미입니까?

1 집 안을 깨끗이 하고 싶다.
2 새로운 일을 시작하고 싶다.
3 싫은 일이나 나쁜 일은 버리고 싶다.
4 신년에 좋은 일이 있기를 기원하고 싶다.

정답 3
해설 마지막 문장에서 알기 쉽게 풀어서 설명해 주는 부분이 있다. 「いやなことや悪いことは全部ごみといっしょに捨てて…(싫은 일이나 나쁜 일은 전부 쓰레기와 함께 버리고…)」라는 부분에서 3번이 정답임을 알 수 있다.

8 한 해가 끝날 무렵에 대청소를 하는 것은 어째서입니까?

1 그다지 바쁘지 않기 때문에
2 1월이나 2월보다 춥지 않기 때문에
3 깨끗한 마음으로 신년을 맞이하고 싶기 때문에
4 나쁜 일이 많이 모이기 때문에

정답 3
해설 두 번째 단락 시작 부분에 답이 나온다. 「それは新しい年をきれいな場所でむかえたいという考えがあるからだといいます(그것은 새로운 해를 깨끗한 장소에서 맞이하고 싶다는 생각이 있기 때문이라고 합니다)」그리고 마음도 함께 청소한다는 내용이 뒷부분에 나오므로 3번이 답이 된다.

문제 5 다음 글을 일고 질문에 답하세요. 답은 1・2・3・4에서 가장 적당한 것을 하나 고르세요.

(1)

어제 처음으로 일본의 '목욕탕'에 갔습니다. 돈을 내고 들어가는 목욕탕입니다. 여행 책에 적혀 있어서 전부터 한 번 가보고 싶다고 생각했습니다. 온천은 매우 유명하지만, 멀리 있어서 전철이나 차로 여행할 때밖에 갈 수 없습니다. 목욕탕은 집에서 자전거로도 갈 수 있기 때문에 편리합니다. 이 날은 시간이 있어서 걸어서 왔는데, 그래도 15분 정도 만에 도착했습니다. 그리고 직원에게 460엔 지불하고 남자라고 적혀 있는 곳으로 들어갔습니다. 하지만 안에 수건이나 비누가 없는 것은 몰랐습니다. 그래서 다시 한 번 입구 쪽에서 돈을 내고 '목욕 세트'를 샀습니다. 다른 사람은 집에서 필요한 것을 가져 오는 것 같습니다. 목욕탕은 매우 크고 물은 조금 뜨거웠지만, 기분 좋았습니다. 벽에 그려져 있는 큰 후지산 그림을 보고 있으니, <u>온천에 온 것 같은 기분이 들어서</u> 또 오고 싶다고 생각했습니다. 아이와 아버지가 즐거운 듯이 등을 씻거나, 노래를 부르고 있는 것을 보니, 고국의 가족이 생각났습니다.

어휘 初めて 처음 | 銭湯 목욕탕 | 入る 들어가다 | お金 돈 | はらう 지불하다 | おふろ 목욕, 욕조 | 旅行 여행 | 書いてある 적혀 있다 | 一度 한 번 | 温泉 온천 | 有名だ 유명하다 | 遠く 멀리 | 電車 전철 | 車 차 | ～しか ~밖에 | 自転車 자전거 | 便利だ 편리하다 | 日 날 | 時間 시간 | 歩く 걷다 | それでも 그래도 | ～くらい ~정도, ~쯤 | 着く 도착하다 | それから 그리고, 그리고나서 | 係 담당 | 男 남자 | タオル 수건 | せっけん 비누 | それで 그래서 | もう一度 다시 한 번 | 入口 입구 | セット 세트 | 買う 사다 | 他の～ 다른~ | 必要だ 필요하다 | もってくる 가져 오다 | 大きい 크다 | お湯 (뜨거운) 물 | 少し 조금, 약간 | あつい 뜨겁다 | きもちいい 기분 좋다 | 壁 벽 | 富士山 후지산 | 絵 그림 | 気持ち 기분 | また 또 | 子ども 아이 | お父さん 아버지 | 楽しい 즐겁다 | せなか 등 | 洗う 씻다 | 歌を歌う 노래를 부르다 | 国 나라, 고국, 고향 | 思い出す 생각나다, 회상하다

9 이 사람은 어째서 일본의 목욕탕에 가고 싶었습니까?
 1 돈을 내고 들어가기 때문에
 2 여행 책에 적혀 있었기 때문에
 3 일본의 목욕탕은 매우 유명하기 때문에
 4 집에서 멀리 있기 때문에

정답 2
해설 「旅行の本に書いてあったので前から一度入ってみたいと思っていました(여행 책에 적혀 있어서 전부터 한 번 가보고 싶다고 생각했습니다)」라는 부분에서 정답이 2번인 것을 알 수 있다.

10 집에서 어떻게 목욕탕에 왔습니까?
 1 멀리 있어서, 전철을 타고 왔습니다.
 2 멀리 있어서, 차를 운전해서 왔습니다.
 3 근처에 있어서, 자전거를 타고 왔습니다.
 4 시간이 있어서, 걸어서 왔습니다.

정답 4
해설 넷 째줄에 「…この日は時間があったので歩いてきましたが…(…이 날은 시간이 있어서 걸어왔지만…)」이라는 부분이 있으므로 4번이다.

11 온천에 온 것 같은 기분이 든 것은 어째서 입니까?

1 수건이나 비누가 없었기 때문에
2 목욕탕이 컸기 때문에
3 물이 조금 뜨거웠기 때문에
4 후지산 그림을 봤기 때문에

정답 4

해설 같은 문장 속 앞부분을 보면「壁にかいてある大きな富士山の絵を見ていると、温泉に来たような気持ちになったので…(벽에 그려져 있는 큰 후지산 그림을 보고 있으니, 온천에 온 것 같은 기분이 들어서…)」라는 부분이 있으므로 정답은 4번이다.

12 이 사람이 목욕을 하며 느낀 것은 무엇입니까?

1 이 아버지와 아이처럼 가족과 함께 있고 싶다.
2 처음으로 목욕을 해서 부끄럽다.
3 목욕탕 안에서 노래를 불러보고 싶다.
4 고국에 있는 목욕탕에 한번 더 들어가고 싶다.

정답 1

해설 마지막 문장 속에 느낀 점이 있다.「子どもとお父さんが楽しそうに…国の家族のことを思い出しました(아이와 아버지가 즐거운 듯이… 고국의 가족들을 생각했습니다)」라고 되어있는데, 즐거운 듯한 아이와 아버지의 모습을 보고, 필자도 가족이 그리워졌다는 것을 알 수 있다. 따라서 정답은 1번이다.

(2)

우리 집에 있는 고양이의 이름은 '타마'입니다. 인간으로 말하면 30살 정도. 매일 힘차게 집 안을 뛰어다닙니다. 늘 나와 노는 것을 좋아해서 잘 때도 함께지만, 식사 때 테이블 위를 뛰어서 밥을 떨어뜨렸을 때는 큰 소리로 꾸짖습니다. 때때로 밖에 산책하러 가면, 이웃집에 들어가거나, 이웃집 고양이와 놀려고 해서 집에 돌아가려고 하지 않습니다. 그래서 산책은 일주일에 두 번뿐입니다. 가장 좋아하는 음식은 어머니가 편의점에서 사 오는 '고양이의 밥'입니다. 항상 같은 것은 좋지 않을 것 같아서 내가 다른 것을 사도 별로 기쁘게 먹지 않습니다. 요전에 어머니가 만든 샌드위치 빵을 줬더니, 매우 잘 먹어서 놀랐습니다. 털의 색은 새하얗습니다. 더러워지기 쉽기 때문에 자주 목욕해서 깨끗이 해 줍니다. 털이 많아서 겨울에도 춥지 않을 거라 생각했는데, 늘 이불 속에 들어가 따뜻한 곳에서 좀처럼 나오지 않습니다. '타마'가 있으면 집 안이 매우 밝아집니다. 우리 가족은 모두 '타마'를 매우 좋아합니다.

어휘 うち 우리(집) | ネコ 고양이 | 名前 이름 | 人間 인간 | ～さい ～살 | ～くらい ～정도, ～쯤 | 毎日 매일 | 元気だ 기운차다 | 走る 달리다 | いつも 늘, 항상 | 遊ぶ 놀다 | 好きだ 좋아하다 | 寝る時 잘 때 | いっしょに 같이 | 食事 식사 | テーブル 테이블 | 上 위 | ごはん 밥 | 落とす 떨어뜨리다 | 大きい 크다 | 声 목소리 | しかる 꾸짖다, 혼내다 | ときどき 때때로 | そと 밖 | 散歩 산책 | となり 이웃, 옆 | 入る 들어가(오)다 | 近所 이웃, 근처 | 帰る 귀가하다 | ～としない ～하려고 하지 않는다 | だから 그러니까, 그래서 | 1週間 1주일 | ～回 ～번 | ～だけ ～만, 뿐 | 一番 제일 | 食べもの 음식 | お母さん 어머니 | コンビニ 편의점 | 同じもの 같은 것 | 他の～ 다른～ | あまり 그다지, 별로 | よろこぶ 기뻐하다 | この間 요전에 | つくる 만들다 | サンドイッチ 샌드위치 | とても 매우 | おどろく 놀라다 | 毛 털 | 色 색 | まっしろ 새하얀 | 汚れる 더러워지다 | ～やすい ～하기 쉽다 | おふろ 목욕 | きれいだ 깨끗하다 | ～てあげる ～해주다 | 冬 겨울 | ～たら ～했더니 | いつも 늘, 항상 | ふとん 이불 | あたたかい 따뜻하다 | なかなか 좀처럼 | 出てくる 나오다 | 明るい 밝다 | 家族 가족 | みんな 모두 | 大好きだ 매우 좋아하다

13 '타마'의 설명과 다른 것은 어느 것입니까?

1 매일 활기차게 집 안을 뛰어다닌다.
2 때때로 밖에 산책하러 간다.
3 털의 색은 새하얗기 때문에, 더러워지기 쉽다.
4 털이 많이 있기 때문에 춥지 않다.

정답 4

해설 문제의 답이 뒷부분에 나오므로 다소 어려운 문제가 될 수 있겠다.
「毎日元気に家の中を走っています(매일 힘차게 집 안을 뛰어다닙니다)」「ときどき外に散歩に行くと…(때때로 밖에 산책을 가면…)」「毛の色はまっしろです。汚れやすいので…(털의 색은 새하얗습니다. 더러워지기 쉽기 때문에…)」라는 부분을 보고 1, 2, 3은 바른 문장인 것을 알 수 있다. 4번은 「毛がたくさんあるから冬でも寒くないと思ったら、いつもふとんの中に入ってあたたかいところからなかなか出てきません(털이 많이 있기 때문에 겨울에도 춥지 않다고 생각했는데, 늘 이불 속에 들어가 따뜻한 곳에서 좀처럼 나오지 않습니다)」라는 부분에서 털이 많지만 추위를 탄다는 것을 알 수 있다. 정답은 4번이다.

14 일주일에 두 번밖에 산책하지 않는 것은 어째서입니까?

1 '타마'가 추운 곳은 싫어하기 때문에
2 새하얀 털이 더러워지기 때문에
3 이웃집에 들어가거나 해서 집에 돌아가려고 하지 않기 때문에
4 테이블 위의 밥을 떨어뜨리기 때문에

정답 3

해설 네 번째 줄에 「となりの家に入ったり、近所のネコと遊ぼうとして家に帰ろうとしません。だから散歩は…(이웃집에 들어가거나, 근처의 고양이와 놀려고 해서 집에 들어가려고 하지 않습니다. 그래서 산책은…)」이라는 부분에 답이 있다.

15 '타마'가 가장 좋아하는 음식은 무엇입니까?

1 어머니가 사오는 '고양이의 밥'
2 내가 사오는 밥
3 가족과 함께 먹는 밥
4 어머니가 만든 샌드위치

정답 1

해설 「一番好きなたべものはお母さんがコンビニで買ってくる「ネコのごはん」です(제일 좋아하는 음식은 어머니가 편의점에서 사 오는 '고양이의 밥'입니다)」라는 부분에서 정답이 1번임을 알 수 있다.

16 이 사람은 '타마'를 어떻게 생각하고 있습니까?

1 식사 때 뛰어다니기 때문에 싫다.
2 밖에 나가면 집에 돌아오지 않기 때문에 곤란하다.
3 빵을 좋아해서 기쁘다.
4 '타마'가 있으면 집 안이 밝아진다.

정답 4

해설 '타마'에 대한 생각은 마지막 줄에 있다. 「たまがいると家の中がとても明るくなります(타마가 있으면 집 안이 매우 밝아집니다)」라는 부분이 있으므로 4번이 답이다.

확인문제 3

문제 5 다음 글을 일고 질문에 답하세요. 답은 1·2·3·4에서 가장 적당한 것을 하나 고르세요.

(1)

아이에게 소포가 와서 가져갔더니 인터넷으로 구두를 샀다고 했습니다. 그러나 상자를 열어보니 생각했던 색과 달랐습니다. 인터넷으로 쇼핑을 하는 것은 편리하지만 ①이럴 때는 불편합니다. 산 것을 돌려주는 데에 시간이 걸리기도 하고, 가져온 사람도 한번 더 운반하지 않으면 안 되기 때문에 힘듭니다. 가게에서 사면 자신의 눈으로 체크할 수 있고, 가게 사람이 여러 가지 설명해 주기 때문에 안심하고 살 수 있습니다. 멀리 있는 사람에게 선물을 보낼 때는 어떨까요? 바빠서 멀리 갈 시간이 없는 사람에게 인터넷으로 간단히 보낼 수 있는 서비스는 필요합니다. 몸을 자유롭게 움직이지 못하는 사람이나, 근처에 가게가 없는 사람이라면 집에 있으면서 쇼핑할 수 있는 것은 기쁜 일입니다. 가게에 가서 쇼핑을 하거나 인터넷으로 주문을 하거나, 양쪽 다 ②좋은 점과 나쁜 점이 있습니다. 하지만 어느 쪽을 선택해도 쇼핑은 역시 즐기는 것이 가장 중요하다고 생각합니다.

어휘 子ども 아이 | 荷物 짐, 소포 | 持って行く 가져가다 | ~たら ~했더니 | インターネット 인터넷 | くつ 구두, 신발 | 買う 사다 | ところが 하지만 | はこ 상자 | 開ける 열다 | 考える 생각하다 | 色 색 | ちがう 다르다 | 買い物 쇼핑 | 便利だ 편리하다 | 不便だ 불편하다 | 返す 돌려주다 | 時間がかかる 시간이 걸리다 | ~し ~하기도 하고 | ~てくれる ~해 주다 | もう一度 다시 한 번 | 運ぶ 옮기다, 나르다 | ~なくてはならない ~하지 않으면 안된다, ~해야 한다 | たいへんだ 큰일이다, 힘들다 | お店 가게 | 自分 자신 | 目 눈 | チェック 체크, 확인 | いろいろ 여러 가지 | 説明 설명 | 安心する 안심하다 | 遠く 멀리 | プレゼント 선물 | 送る 보내다 | いそがしい 바쁘다 | 簡単だ 간단하다 | サービス 서비스 | 必要だ 필요하다 | 体 몸 | 自由だ 자유롭다 | 動かす 움직이게 하다 | ~や ~이나 | 近く 근처, 가까이 | うれしい 기쁘다 | 注文 주문 | どちらも 어느 쪽도 | いい所 좋은 점 | 悪い所 나쁜 점 | でも 하지만 | 選ぶ 고르다 | やはり 역시 | 楽しむ 즐기다 | いちばん 가장 | 大事だ 중요하다

17 ①이럴 때는 어떤 때 입니까?
  1 인터넷으로 쇼핑했을 때
  2 아이에게 소포가 왔을 때
  3 주문한 물건이 생각했던 것과 달랐을 때
  4 산 물건을 돌려주는 데에 시간이 걸릴 때

정답 3
해설 지시대명사로 질문이 나왔을 때는 대체로 앞부분에 답이 있다. 앞 문장에 「ところが、はこを開けてみたら考えていた色とちがっていました(그러나 상자를 열어봤더니 생각했던 색과 달랐습니다)」라는 부분이 있으므로 3번이 답이 된다.

18 인터넷보다 가게에 가는 편이 좋은 것은 어떤 것입니까?
  1 산 물건을 돌려주지 않아도 되는 것
  2 자신의 눈으로 확인하고 가게 사람의 설명을 들을 수 있는 것
  3 멀리까지 가지 않아도 되는 것
  4 물건을 싸게 살 수 있는 것

정답 2
해설 「お店で買えば 自分の目でチェックできるし、店の人がいろいろ説明してくれるので…(가게에서 사면 자신의 눈으로 체크할 수 있고, 가게 사람이 여러 가지 설명해 주기 때문에…)」라는 부분에서 가게에 가서 쇼핑할 때의 장점을 알 수 있다. 따라서 답은 2번이다.

19 인터넷을 이용할 때 ②좋은 점이 아닌 것은 어느 것입니까?

1 바쁜 사람이라도 간단히 멀리 보낼 수 있는 것
2 몸을 자유롭게 움직일 수 없는 사람이라도 이용할 수 있는 것
3 근처에 가게가 없는 장소에 살고 있어도 구입할 수 있는 것
4 구입한 물건을 가져다주기 때문에 안심하고 살 수 있는 것

정답 **4**

해설 이 문제에서 주의할 점은 좋은 점이 아닌 것을 찾는 것이다. ②좋은 점 바로 윗부분 「遠くにいる人に…うれしいことです」을 보면, 인터넷 쇼핑의 장점으로서 바빠서 멀리 갈 시간이 없는 사람, 몸을 자유롭게 움직일 수 없는 사람, 근처에 가게가 없는 사람이 쇼핑을 할 수 있게 해 주는 점을 들 수 있다. 선택지 4번의 구입한 물건을 가져다주는 것은 인터넷 쇼핑에 대한 설명으로 적당하지만 가져다주기 때문에 안심하고 살 수 있다고 필자가 말하지 않았기 때문에 장점이라고 할 수 없다. 또한 필자는 본문에서 자신의 눈으로 확인하고 가게 사람의 설명을 들을 수 있기 때문에 가게에서 살 때 안심이 된다고 했다.

20 이 사람이 가장 말하고 싶은 것은 무엇입니까?

1 인터넷은 편리하지만 가게에서 사는 편이 안심할 수 있다.
2 가게 사람이 친절하지 않으면 인터넷을 쓰면 된다.
3 가게에서 사든 인터넷을 이용하든 중요한 것은 즐기는 것이다.
4 이제부터는 가게보다 인터넷으로 사는 사람이 많아진다.

정답 **3**

해설 필자의 생각은 마지막 부분에 나오는 경우가 많다. 「どちらを選んでも買い物はやはり楽しむことがいちばん大事だと思います(어느 쪽을 선택해도 쇼핑은 역시 즐기는 것이 제일 중요하다고 생각합니다)」 부분에서 3번이 정답인 것을 알 수 있다.

(2)

일전에 이런 일이 있었습니다. 항상 와이셔츠는 학교 근처에 있는 가게에서 세탁을 합니다. 가격도 다른 가게보다 싸지만, 무엇보다도 아침에 가져가면 오후 6시경에는 다 되어 있어서 매우 편리합니다. 그날 가게에 갔더니, 평소와 다른 사람이 있었습니다. 아침 9시에 가져가서 돈을 내고 티켓을 받았습니다. 그 후 집에 오고 나서 오후가 되어 학교에 갔습니다. 하지만 귀가 길에 가게에 갔더니 아침에 받았던 티켓이 없었습니다. 집에 두고 온 것 같았습니다. "죄송합니다. 티켓을 깜빡 놓고 왔습니다. ①다음에 가져올 테니까"라고 했지만, 가게 사람은 "티켓이 없으면 건네 드릴 수 없습니다"라고 말했습니다. 지금까지 몇 번이나 왔었는데 (티켓을) 안 가져 왔을 때에는 "다음에 가져오세요"라고 하면서 세탁한 옷을 받을 수 있었습니다. 여러 번 부탁해도 "규칙이라서요"라는 말 뿐 소용없었습니다. 저는 다음 날에 필요했기 때문에 집에 돌아와서 티켓을 찾아 밤늦게 옷을 받을 수 있었습니다. 그 때 이제 ②이 가게에 오는 것은 그만두겠다고 생각했습니다.

어휘 この前 일전에, 요전에 | こんな〜 이런〜 | こと 일 | ある 있다 | いつも 늘, 항상 | ワイシャツ 와이셔츠 | 学校 학교 | 近く 근처 | お店 가게 | せんたく 세탁 | ねだん 가격 | 他の〜 다른〜 | 〜より 〜보다 | 安い 싸다 | 何よりも 무엇보다도 | 朝 아침 | 持って行く 가져가다 | 午後 오후 | 〜ころ 〜경, 무렵 | できる 완성되다, 생기다 | 便利だ 편리하다 | 日 날 | 違う 다르다, 틀리다 | 人 사람 | お金 돈 | はらう 지불하다 | チケット 티켓, 표 | もらう 받다 | そのあと 그 후 | 帰る 돌아가(오)다 | でも 하지만 | 帰りに 집에 가는 길에 | 忘れる 잊다 | 〜ようだ 〜인 것 같다 | すみません 죄송합니다 | つぎに 다음에 | わたす 건네다, 주다 | 今まで 지금까지 | 何回も 몇 번이나 | お願いする 부탁하다 | きそく 규칙 | だけで 만(뿐)으로 | だめだ 안된다 | 必要だ 필요하다 | さがす 찾다 | 夜 밤 | おそくなる 늦어지다 | 服 옷 | やめる 그만두다

21 이 가게의 가장 좋은 것은 무엇입니까?
　1 학교에서 가까운 것
　2 다른 가게보다도 가격이 싼 것
　3 아침에 가져가면 오후 6시경에는 (세탁이) 되어 있는 것
　4 돈을 내면 티켓을 주는 것

정답 3

해설 가격이 싸기도 하지만 「なによりも朝持っていけば午後6時ころにはできているので、とても便利です(무엇보다도 아침에 가져가면 오후 6시경에는 되어 있어서 매우 편리합니다)」라는 부분에서 가장 좋다고 여기는 부분은 3번임을 알 수 있다. 「何よりも(무엇보다도)」라는 부사에 주목하자.

22 이 사람이 ①'다음에 가져올 테니까요'라고 말한 것은 어째서입니까?
　1 다음 날에 가져오는 것이 규칙이기 때문에
　2 평소에는 잊어도 다음에 가져오면 됐기 때문에
　3 가게 사람이 가져오지 않아도 된다고 했기 때문에
　4 다음 날에 티켓이 필요했기 때문에

정답 2

해설 이 문장 바로 뒤에 이유가 적혀있다. 「今まで何回もきていますが、わすれたときは「つぎに持ってきてください」といって、せんたくしたをもらうことができました(지금까지 몇 번이나 왔었는데, 티켓을 안 가져왔을 때에는 '다음에 가져오세요'라고 하면서 세탁한 옷을 받을 수 있었습니다)」라는 부분에서 2번이 정답임을 알 수 있다.

23 세탁한 옷은 내줄 수 없다는 말을 듣고 이 사람은 어떻게 했습니까?
　1 돈을 내고 옷을 받았다.
　2 티켓을 받아서 다음 날에 옷을 받았다.
　3 집에 돌아가서 티켓을 찾아서 한번 더 가게에 왔다.
　4 옷을 둔 채 가게에는 오지 않았다.

정답 3

해설 다음날 입어야 하는 옷이었기 때문에 「…家に帰ってチケットをさがし、夜おそくなってから服をもらうことができました(집에 돌아가서 티켓을 찾아 밤늦게 옷을 받을 수 있었습니다)」라는 부분에서 정답은 3번임을 알 수 있다.

24 ②이 가게에 오는 것은 그만두겠다고 되어 있는데 어째서 입니까?
　1 티켓을 받는 것이 불편하다고 생각했기 때문에
　2 가게 사람이 몇 번이고 온 손님에게 친절하지 않았기 때문에
　3 와이셔츠가 깨끗하게 되어있지 않았기 때문에
　4 학교에서 집에 갈 때는 세탁한 옷을 받을 수 없기 때문에

정답 2

해설 정답은 2번이다. 필자 자신은 전부터 몇 번이나 이용하고 있는 손님인데, 예전의 가게 사람과는 달리 티켓에 대한 규칙을 내세우며 불편하게 했기 때문이다.

もんだい6 정보검색

문제유형　정보검색

안내문이나 공지사항 등을 다룬 400자 정도의 정보문 안에서 필요한 정보를 찾아낼 수 있는가를 묻는 문제이다. 예상 문항 수는 2문항이며, 문제 풀이 시간은 7분이다.

포인트　함정에 주의!

일본에서 생활할 때 일상생활에서 접하게 되는 정보문을 보고 자신에게 필요한 정보를 재빨리 찾아낼 수 있는가를 체크하는 문제이다. 〈もんだい6〉에서는 자신의 조건과 정보문을 대조해 가며 답을 찾는 문제 (예를 들어 나이 · 성별 · 학년 등)나 필요한 정보가 정보문 중 어디에 있는가를 찾는 문제 (예를 들어 신청에 관한 질문이라면 신청 방법이 적힌 부분을 찾는 문제 등)가 출제된다.

학습요령

① 자신의 조건과 정보문을 대조해 가며 답을 찾는 문제의 경우, 질문을 읽고 체크해야 하는 조건 · 항목이 어디인가를 정확이 파악하여 정보 소재 안에서 토대가 되는 기본 조건을 정한 후에 하나씩 체크해 나가면 정답을 찾을 수 있다.
② 필요한 정보가 정보 소재 중 어디에 있는가를 찾는 문제의 경우, 우선 질문과 선택지를 읽고 필요한 정보는 무엇인가를 파악하는 것이 중요하다. 그리고 그것이 정보 소재의 어느 부분에 있는가를 찾는 것이 좋다.
③ 「*・★(별표) · ただし(단) · ～のみ(~만) · ～以外(~이외) · 注(주)」 등의 강조와 예외를 나타내는 표현에 주의해야 한다.

(1)

もんだい6　右のページの「ナイトズーのお知らせ」を見て、下の質問に答えてください。答えは1・2・3・4から、いちばんいいものを一つえらんでください。

1 夜に動物園を見せるのはなぜですか。

1 昼は暑くて動物がつかれるから。

2 昼には見られない動物の姿が見られるから。

3 ジャングルは夜しか見られないから。

4 昼より入場料が安いから。

2 小学生と中学生のこどもは夏休みなので午後1時から、父と母は午後6時に入口で会う約束をしました。チケットは全部でいくらになりますか。

1 2,000円

2 1,500円

3 1,400円

4 1,000円

ナイトズー (night zoo)のお知らせ

北山動物園では８月１日から15日の間、夜８時30分まで、夜の時間も入れます。

動物はもともと夜に活動することが多いといわれています。

夜には昼には見られない動きや、鳴く声を聞くことができます。

まるでジャングルの中にいるような、気分になれますよ。

どうぞ家族でいっしょに見にきてください！

	時　間	料　金
昼の動物園	9時～16時50分	おとな　500円 こども（中学生以下）無料
ナイトズー （night zoo）	17時～20時30分 （20時までに入場）	おとな　500円 こども（中学生以下）200円

【ご注意】
・昼の動物園は16時までにチケットが買えます。
・16時より後にきた人は夜のチケットを買ってください。
・昼のチケットでそのまま夜までいることができません。
・動物園の中のお店は17時には終わります。

(2)

もんだい6　右のページの「電車の中や駅で忘れものをしたとき」のお知らせを見て、下の質問に答えてください。答えは1・2・3・4からいちばんいいものをえらんでください。

3　携帯電話を忘れたとき、駅の人に話さなくてもいいことは何ですか。話さなくてもいいことです。

1　電話の色

2　電話会社のなまえ

3　電話のねだん

4　電話番号

4　Aさんは電車の中にかさを忘れて1週間がすぎました。どこに連絡すればいいですか。

1　駅

2　忘れものセンター

3　けいさつ

4　かさを買った店

電車や駅で忘れものをしたときは

電車の中や駅に忘れものをしたときは、次のようにしてください。

1　駅の人に、いつ、どこで、何を忘れたか話をする。

2　説明するときは、携帯電話のばあいは電話会社のなまえ、色、電話番号。
　　かばんなどは形、色、中に入っているもの。かさやさいふは色と形などを話してください。

3　忘れた日の次の日の13時までに駅から連絡がなければ、忘れものセンターに電話して
　　ください。

4　かさは忘れものセンターに2週間おきます。

5　かさ以外のものは3日すぎたあと、けいさつに送られます。

忘れものをしてから、もらうまで

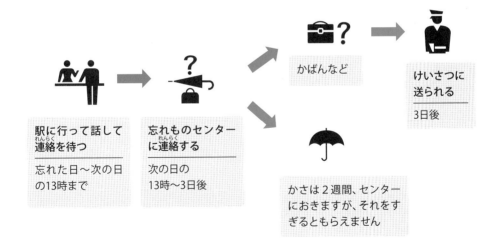

駅に行って話して
連絡を待つ
忘れた日〜次の日
の13時まで

忘れものセンター
に連絡する
次の日の
13時〜3日後

かばんなど

けいさつに
送られる
3日後

かさは2週間、センター
におきますが、それをす
ぎるともらえません

(1)

もんだい6　右のページの「市民プラザからのお知らせ」を見て、下の質問に答えてください。答えは1・2・3・4から、いちばんいいものを一つえらんでください。

5　8月3日に学生が会議室を9時から16時まで使うといくらですか。

　　1　1,200円

　　2　1,600円

　　3　2,500円

　　4　3,200円

6　7月から学生が利用するとき何がかわりますか。

　　1　申しこむ日と予約のしかた

　　2　申しこむ日と場所のねだん

　　3　場所のねだんと予約のしかた

　　4　場所のねだんと電話のしかた

市民プラザからお知らせ

7月1日から学生の利用のしかたがかわります。

(会議室)

利用する時間	今までのねだん	新しいねだん	申しこむ日
9時～13時	1,000円	700円	ご利用日の1か月～3日前
13時～17時	1,500円	900円	上とおなじ
17時～21時	1,200円	800円	上とおなじ
9時～21時	3,200円	2,500円	上とおなじ

(イベントホール)

利用する時間	今までのねだん	新しいねだん	申しこむ日
9時～13時	5,000円	3,500円	ご利用日の1か月～3日前
13時～17時	6,500円	5,000円	上とおなじ
17時～21時	5,500円	4,000円	上とおなじ
9時～21時	15,000円	12,500円	上とおなじ

＊申し込む日は今までとおなじです。
＊今まで電話でもできましたが、7月から電話ではできなくなります。
＊申し込みはホームページから予約してください。
＊申し込みから2日後の18時までに利用ができるかどうかメールでお知らせします。
＊場所のねだんは1時間でも4時間でもおなじです。
＊わからないことは電話でもおこたえします。

(2)

もんだい6 右のページの「だい2外国語について」のお知らせを見て、下の質問に答え
てください。答えは1・2・3・4から、いちばんいいものを一つえらんでく
ださい。

7 下は留学生Aさんのだい2外国語以外の1週間の予定です。受けられるだい2
外国語はどれですか。

	月	火	水	木	金
10:00-11:30	授業				授業
12:00-13:30	授業	授業	授業		授業
14:00-15:30		授業		授業	
16:00-17:30	授業	授業	授業	授業	授業
18:00-21:00	アルバイト	テニスクラブ	アルバイト	テニスクラブ	アルバイト

1　フランス語①

2　ドイツ語①

3　スペイン語

4　中国語

8 だい2外国語についてあっているものはどれですか。

1　フランス語①とフランス語②はふたつ受けることができる。

2　スペイン語は週3回受けなければならない。

3　中国語よりドイツ語のほうがむずかしい。

4　だい2外国語は1つだけ受けることができる。

だい２外国語について

【だい２外国語時間表】

	月	火	水	木	金
フランス語① フランス語②	10:00-11:30 13:00-14:30		10:00-11:30 13:00-14:30		
ドイツ語① ドイツ語②		11:00-12:30 13:00-14:30		11:00-12:30 13:00-14:30	
スペイン語①	16:00-17:30		15:30-17:00		12:00-13:30
中国語①		9:30-11:00		9:30-11:00	

【注意】

1. フランス語②とドイツ語②はフランス語①、ドイツ語①が終わった人だけが受けることができます。
2. スペイン語①は月、水、金に同じ授業をします。スペイン語①を選ぶときは月、水、金のうち、ひとつだけ選んでください。
3. フランス語、ドイツ語、中国語は週２回の授業です。どちらの日も授業を受けてください。
4. だい２外国語は４つのうち１つだけ選んでください。

(1)

もんだい6　右のページの「料理教室のお知らせ」を見て、下の質問に答えてください。
　　　　　答えは1・2・3・4から、いちばんいいものを一つえらんでください。

9 子どもといっしょに2人で2つのクラスを申しこみたいです。同じ日にできる
のはいつですか。

1　10月4日

2　10月8日

3　10月9日

4　10月11日

10 料理教室についてわかることは何ですか。

1　10月4日からカフェクラス、10月11日からおうちごはんクラスがはじまる。

2　予約は電話ですればいい。

3　中学生は料理ができるが小学生はできない。

4　エプロンとタオルを持っていかなくてはならない。

料理教室がはじまります!

- 駅前料理スクールでは10月4日～11日まで <料理教室> をひらきます。

- だれでもかんたんにケーキが作れる カフェクラス と

  いつもの食事がもっとおいしく作れる おうちごはんクラス です。

- 男性も女性も、何さいでも料理が楽しめます。

- 申しこみは前の日までに電話でお願いします。

- どのクラスも6000円が必要です（エプロン、タオルはこちらで準備します）。

※ 予約する場合は下の表を見て電話してください（人の数は変わります）。

カフェクラス

	14時～15時50分	16時～17時50分
10月 4日 （月）	○ あと5人	×
10月 6日 （水）	○ あと1人	○ あと2人
10月 8日 （金）	×	○ あと1人
10月 9日 （土）	×	○ あと3人
10月10日 （日）	○ あと2人	×
10月11日 （月）	○ あと1人	○ あと1人

おうちごはんクラス

	14時～15時50分	16時～17時50分
10月 4日 （月）	○ あと4人	○ あと1人
10月 6日 （水）	×	×
10月 8日 （金）	○ あと1人	○ あと3人
10月 9日 （土）	○ あと2人	×
10月10日 （日）	×	○ あと1人
10月11日 （月）	×	○ あと5人

○は予約できます。×は予約できません。

(2)

問題6　右のページのお知らせを見て、下の質問に答えてください。答えは1・2・3・4
　　　から、いちばんいいものを一つえらんでください。

11　病院のなかでしてはいけないことは何ですか。

　1　午後6時から7時のあいだに見舞いにいくこと。

　2　ろうかや屋上などで携帯電話を使うこと。

　3　入院している人のために大きなこえでうたうこと。

　4　お見舞いにくるとき車でくること。

12　かんごしに聞かなければいけないことはどれですか。

　1　入院している人のへやの番号。

　2　入院している人に何をあげればいいかということ。

　3　入院している人と同じへやにとまること。

　4　入院している人といっしょに散歩していいかということ。

病院にお見舞いにくるかたへ

【時間など】

● へやの番号をうけつけで確認してください。

● 会える時間は午後4時から午後9時までです。

● 午後6時から7時までは食事の時間ですから注意してください。

● 花など、入院しているかたに持ってきてはいけないものがあります。
来る前にうけつけに聞いてください。

【病院でできないこと】

● 病院のなかではたばこがすえません。

● 携帯電話はへやで使えません。ろうかや屋上などで使ってください。

● ほかの人がいるへやの中では大きな声で話さないでください。

【そのほか】

● 入院しているかたが心配なときは同じへやにとまることができます。
うけつけに申しこんでください。

● 入院しているかたと屋上などでいっしょに散歩することができます。
かんごしに相談してください。

● 駐車場はせまいのでできるだけバスや電車できてください。

山田病院

확인문제 1

(1)

문제 6 오른쪽 페이지의 '나이트 주(야간 동물원)의 안내 사항'를 보고 아래의 질문에 답하세요. 답은 1·2·3·4에서 가장 적당한 것을 고르 세요.

나이트 주(night zoo)의 안내 사항

기타야마 동물원에서는 8월 1일부터 15일간 밤 8시 30분까지 밤 시간에도 입장할 수 있습니다.
동물은 원래 밤에 활동하는 경우가 많다고 합니다.
밤에는 낮에는 볼 수 없는 움직임이나 울음소리를 들을 수 있습니다.
마치 정글 속에 있는 듯한 기분이 될 수 있습니다.
어서 가족과 함께 보러 오세요!

	시 간	요 금
낮의 동물원	9시~16시 50분	어른 500円 어린이 (중학생 이하) 무료
나이트 주 (night zoo)	17시~20시 30분 (20시까지 입장)	어른 500円 어린이 (중학생 이하) 200円

【주의】
• 낮의 동물원은 16시까지 티켓을 살 수 있습니다.
• 16시를 지나서 온 사람은 밤 티켓을 사주세요.
• 낮의 티켓으로 그대로 밤까지 있을 수 없습니다.
• 동물원 안의 가게는 17시에는 마칩니다.

어휘 ナイト 밤, 나이트 | お知らせ 알림, 안내 사항 | 動物園 동물원 | 間 사이, 동안 | 夜 밤 | 入る 들어가(오)다 | もともと 원래 | 活動 활동 | 多い 많다 | いわれる 일컬어지다, 말해지다 | 昼 낮 | 見られる 볼 수 있다 | 動き 움직임 | ~や ~이나 | 鳴く (동물이)울다 | 声 목소리 | 聞く 듣다 | できる 가능하다, 할 수 있다 | まるで 마치 | ジャングル 정글 | 中 안, 속 | ~ような ~같은 | 気分 기분 | ~になる ~가 된다 | どうぞ 자, 어서 | 家族 가족 | いっしょに 함께 | 見にくる 보러 오다 | 時間 시간 | 料金 요금 | おとな 성인 | こども 아이, 어린이 | 中学生 중학생 | 無料 무료 | ~までに ~까지(완료) | 入場 입장 | 同じ 같음 | チケット 티켓 | 買う 사다 | ~より ~보다 | 後に 뒤에, 후에 | わかれる 나눠지다 | そのまま 그대로 | お店 가게 | 終わる 끝나다

1 밤에 동물원을 보여주는 것은 어째서입니까?
  1 낮에는 더워서 동물이 지치기 때문에.
  2 낮에는 볼 수 없는 동물의 모습을 볼 수 있기 때문에.
  3 정글은 밤에 밖에 볼 수 없기 때문에.
  4 낮보다 입장료가 싸기 때문에.

정답 2

해설 다음 문장에서「夜には昼には見られない動きや、鳴く声を聞くことができます(밤에는 낮에는 볼 수 없는 움직임이나 울음소리를 들을 수 있습니다)」라는 부분에서 정답은 2번임을 알 수 있다.

2 초등학생과 중학생인 아이들은 여름방학이어서 오후 1시부터, 아버지와 어머니는 오후 6시에 입구에서 만날 약속을 했습니다. 티켓은 모두 얼마가 됩니까?

1 2,000엔
2 1,500엔
3 1,400엔
4 1,000엔

정답 3

해설 요금표를 보면, 중학생 이하는 「無料(무료)」라고 되어있으나 5시 이후부터는 밤의 이용 요금 200엔씩을 내야하고, 부모님의 경우 밤의 이용 요금 500엔씩을 내야하므로 모두 합해 1,400엔이 된다.

(2)

문제 6 오른쪽 페이지의 [전철 안이나 역에서 물건을 분실했을 때]의 안내 사항을 보고, 아래의 질문에 답하세요. 답은 1·2·3·4 에서 가장 적당한 것을 고르세요.

> 전철이나 역에서 물건을 분실했을 때는

전철 안이나 역에서 물건을 분실했을 때는 다음과 같이 하세요.
1 역무원에게 언제, 어디서, 무엇을 잃어버렸는지 말한다.
2 설명할 때는 휴대 전화의 경우는 전화 회사(통신사)의 이름, 색, 전화번호. 가방 등은 모양, 색, 안에 들어있는 것. 우산이나 지갑은 색과 모양 등을 말해주세요.
3 분실한 날의 다음 날 13시 전까지 연락이 없으면, 분실물 센터에 전화해 주세요.
4 우산은 분실물 센터에 2주일간 둡니다.
5 우산 이외의 물건은 3일 경과한 후, 경찰에 보내집니다.

물건을 분실하고 나서 받기까지

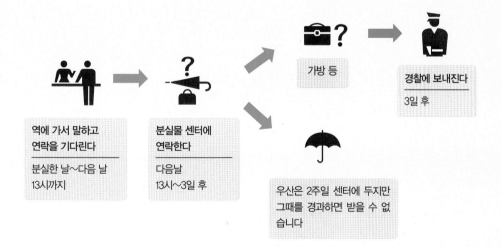

어휘 電車 전철 | 駅 역 | 忘れものをする 물건을 분실하다 | とき 때 | つぎ 다음 | ~ように ~처럼, ~같이 | いつ 언제 | どこ 어디 | 忘れる 잊고 오다 | 話 이야기 | 説明 설명 | 携帯電話 휴대 전화 | ばあい 경우 | 電話会社 전화 회사 (통신사) | なまえ 이름 | 色 색 | 電話番号 전화번호 | かばん 가방 | 形 형태, 모양 | 入っている 들어 있다 | かさ 우산 | さいふ 지갑 | ~など ~등 | 次の日 다음 날 | ~までに ~까지(완료) | 連絡 연락 | ない 없다 | 忘れ物センター 분실물센터 | ~週間 ~주일간 | おく 놓다, 두다 | 以外 이외 | すぎる 지나다, 경과하다 | あと 후, 나중 | けいさつ 경찰 | 送る 보내다 | もらう 받다 | ~か月 ~개월

---

3 휴대 전화를 분실했을 때, 역무원에게 말하지 않아도 되는 것은 무엇입니까?

1 전화의 색
2 전화 회사의 이름
3 전화의 가격
4 전화번호

정답 3

해설 분실 시 주의 사항의 2번 내용으로 「説明するときは、携帯電話のばあいは電話会社のなまえ、色、電話番号…(설명할 때는 휴대 전화의 경우는 전화 회사 이름, 색, 전화번호…)」라는 부분에서 전화의 가격은 언급이 되지 않았으므로 3번이 정답이다.

---

4 A씨는 전철 안에서 우산을 분실하고 1주일이 지났습니다. 어디에 연락하면 됩니까?

1 역
2 분실물 센터
3 경찰
4 우산을 구입한 가게

정답 2

해설 우산의 경우, 분실 시 주의 사항의 4번에서 「かさは忘れものセンターに2週間おきます(우산은 분실물센터에 2주일간 둡니다)」라고 했으므로 1주일이 지났을 경우에는 분실물센터에 연락하면 된다.

(1)

문제 6 　오른쪽 페이지의 [시민플라자로부터의 안내사항]을 보고, 아래의 질문에 답하세요. 답은 1・2・3・4에서 가장 적당한 것을 고르세요.

시민플라자로부터의 안내 사항

7월 1일부터 학생이 이용하는 방법이 바뀝니다.

(회의실)

이용하는 시간	지금까지의 가격	새로운 가격	신청하는 날
9시~13시	1,000엔	700엔	이용일의 1개월~3일 전
13시~17시	1,500엔	900엔	위와 같음
17시~21시	1,200엔	800엔	위와 같음
9시~21시	3,200엔	2,500엔	위와 같음

(이벤트 홀)

이용하는 시간	지금까지의 가격	새로운 가격	신청하는 날
9시~13시	5,000엔	3,500엔	이용일의 1개월~3일 전
13시~17시	6,500엔	5,000엔	위와 같음
17시~21시	5,500엔	4,000엔	위와 같음
9시~21시	15,000엔	12,500엔	위와 같음

＊ 신청하는 날은 지금까지와 같습니다.
＊ 지금까지 전화로도 예약이 가능했지만, 7월부터 전화로는 할 수 없습니다.
＊ 신청은 홈페이지에서 예약해 주세요.
＊ 신청으로부터 이틀 후 18시까지 이용이 가능한지 아닌지 메일로 알려드립니다.
＊ 장소의 가격은 1시간이든 4시간이든 같습니다.
＊ 궁금한 것은 전화로도 답변해 드립니다.

어휘 市民プラザ 시민플라자 | お知らせ 안내 사항 | 学生 학생 | 利用 이용 | しかた 방법 | かわる 바뀌다, 변하다 | 会議室 회의실 | 時間 시간 | 今 지금 | ねだん 가격 | 新しい 새롭다 | 申し込む 신청하다 | 日 날 | ~時 ~시 | ~円 ~엔 | ~か月 ~개월 | 前 전, 앞 | おなじ 같음 | イベントホール 이벤트홀 | 電話 전화 | 予約 예약 | できる 할 수 있다 | ホームページ 홈페이지 | ~後 ~후 | ~までに ~까지(완료) | ~かどうか ~인지 아닌지 | メール 메일 | 知らせる 알리다 | 場所 장소 | わからない 알 수 없다, 모르다 | こたえる 대답하다

5　8월 3일에 학생이 회의실을 9시부터 16시까지 사용하면 얼마입니까?
　1　1,200엔
　2　1,600엔
　3　2,500엔
　4　3,200엔

정답 2

해설 8월에는 이미 가격이 바뀐 후이므로「新しいねだん(새로운 가격)」쪽을 봐야 한다. 정답은 아래의 회의실 가격표에서 9시 ~13시 700엔, 13~17시 900엔을 합친 1,600엔이 된다.

6 7월부터 학생이 이용할 때 무엇이 달라집니까?
    1 신청하는 날과 예약하는 방법
    2 신청하는 날과 장소의 가격
    3 장소의 가격과 예약하는 방법
    4 장소의 가격과 전화하는 방법

정답 3

해설 표에「今までのねだん(지금까지의 가격)」과「新しいねだん(새로운 가격)」으로 변경된 가격이 나타나있다. 또한 표 아래의 두 번째 *표시를 보면「今まで電話でも予約できましたが、7月から電話ではできなくなります(지금까지 전화로도 예약이 가능했지만 7월부터 전화로는 할 수 없습니다)」라는 부분에서 예약하는 방법이 바뀐 것을 알 수 있다. 따라서 정답은 3번이다.

(2)

문제 6 오른쪽 페이지의 [제2외국어에 대해서]의 안내사항을 보고, 아래의 질문에 답하세요. 답은 1·2·3·4에서 가장 적당한 것을 고르세요.

제2외국어에 대해서

【제2외국어 시간표】

	월	화	수	목	금
프랑스어① 프랑스어②	10:00–11:30 13:00–14:30		10:00–11:30 13:00–14:30		
독일어① 독일어②		11:00–12:30 13:00–14:30		11:00–12:30 13:00–14:30	
스페인어①	16:00–17:30		15:30–17:00		12:00–13:30
중국어①		9:30–11:00		9:30–11:00	

【주의】
1 프랑스어②와 독일어②는 프랑스어①, 독일어①이 끝난 사람만이 들을 수 있습니다.
2 스페인어①은 월, 수, 금에 같은 수업을 합니다. 스페인어①을 고를 때는 월, 수, 금 중에 하나만 선택하세요.
3 프랑스어, 독일어, 중국어는 주 2회 수업입니다. 둘 다 수업을 들으세요.
4 제2외국어는 4개 중 1개만 선택하세요.

어휘 だい2外国語 제2외국어 | 時間ひょう 시간표 | フランス語 프랑스어 | ドイツ語 독일어 | スペイン語 스페인어 | 中国語 중국어 | 注意 주의 | 終わる 끝나다 | ～だけ ～만 | 受ける 듣다, 받다 | ～ことができる ～할 수 있다 | 同じ 같음 | 授業 수업 | 選ぶ 고르다 | ～うち ～중, ～사이 | ひとつ 하나 | 週～回 주 ～회 | どちらの 어느～ | 日 ～날

7 아래는 유학생A 씨의 제2외국어 이외의 1주일간의 예정입니다. 들을 수 있는 제2외국어는 어느 것입니까?

	월	화	수	목	금
10:00–11:30	수업				수업
12:00–13:30	수업	수업	수업		수업
14:00–15:30		수업		수업	
16:00–17:30	수업	수업	수업	수업	수업
18:00–21:00	아르바이트	테니스 클럽	아르바이트	테니스 클럽	아르바이트

1 프랑스어①
2 독일어①
3 스페인어
4 중국어

정답 4

해설 표 아래 주의사항의 3번을 보면 프랑스어, 독일어, 중국어는 주 2회 수업이므로 둘 다 수업을 들으라고 한다. 따라서 표를 보면 프랑스어는 월요일 아침 수업과 겹치고 독일어는 화요일 수업이 불가능하다. 스페인어는 모든 시간에 원래 수업이 있다. 그래서 가능한 과목은 중국어 뿐이다.

8 제2외국에서 대해서 맞는 것은 무엇입니까?
1 프랑스어①과 프랑스어②는 두 개 들을 수 있다.
2 스페인어는 주 2회 듣지 않으면 안 된다.
3 중국어보다 독일어 쪽이 어렵다.
4 제2외국어는 하나만 들을 수 있다.

정답 4

해설 표 아래 주의 사항 1을 보면 프랑스어와 독일어는 ①을 끝낸 사람만 ②를 들을 수 있다고 한다. 그리고 2를 보면 스페인어는 월, 수, 금에 동일한 수업을 하므로 주 1회만 들으면 된다. 또한 난이도에 대한 언급은 따로 없으므로 정답은 4번이 답이 된다. 표 아래 주의 4번에 '제 2외국어는 4개중 1개만 선택하세요'라는 부분이 구체적인 근거가 되겠다.

확인문제 3

(1)

문제 6 오른쪽 페이지의 [요리 교실 안내사항]을 보고, 아래의 질문에 답하세요. 답은 1・2・3・4에서 가장 적당한 것을 고르세요.

> ## 요리 교실이 시작됩니다!

- 역 앞 요리 스쿨에서는 10월 4일 ~ 11일까지 〈요리 교실〉을 엽니다.
- 누구라도 간단히 케이크를 만들 수 있는 카페 클래스와 평소의 식사를 더 맛있게 만들 수 있는 집밥 클래스입니다.
- 남성도 여성도 몇 살이라도 요리를 즐길 수 있습니다.
- 신청은 전날까지 전화로 부탁드립니다.
- 어느 클래스도 6000엔이 필요합니다 (앞치마, 수건은 이쪽에서 준비하겠습니다).

※ 예약하는 경우는 아래 표를 보고 전화해 주세요 (인원수는 바뀝니다).

카페 클래스

	14시~15시 50분	16시~17시 50분
10월 4일 (월)	○ 앞으로 5명	×
10월 6일 (수)	○ 앞으로 1명	○ 앞으로 2명
10월 8일 (금)	×	○ 앞으로 1명
10월 9일 (토)	×	○ 앞으로 3명
10월 10일 (일)	○ 앞으로 2명	×
10월 11일 (월)	○ 앞으로 1명	○ 앞으로 1명

집밥 클래스

	14시~15시50분	16시~17시50분
10월 4일 (월)	○ 앞으로 4명	○ 앞으로 1명
10월 6일 (수)	×	×
10월 8일 (금)	○ 앞으로 1명	○ 앞으로 3명
10월 9일 (토)	○ 앞으로 2명	×
10월 10일 (일)	×	○ 앞으로 1명
10월 11일 (월)	×	○ 앞으로 5명

○는 예약할 수 있습니다. ×는 예약할 수 없습니다.

어휘 料理教室 요리 교실 | はじまる 시작되다 | 駅前 역 앞 | スクール 스쿨 | ひらく 열다, 개최하다 | だれでも 누구든 | かんたんだ 간단하다 | ケーキ 케이크 | つくる 만들다 | カフェ 카페 | クラス 클래스 | いつも 늘, 항상 | 食事 식사 | もっと 더욱 더 | おいしい 맛있다 | おうちごはん 집밥 | 男性 남성 | 女性 여성 | 何さい 몇 살 | 楽しむ 즐기다 | 申し込み 신청하다 | 前 전, 앞 | 日 날 | ~までに ~전까지 | 電話 전화 | お願いします 부탁드립니다 | 必要だ 필요하다 | エプロン 앞치마 | タオル 수건 | こちら 이쪽 | 準備 준비 | 予約 예약 | 場合 경우 | 下 아래, 밑 | 表 표 | 見る 보다 | 人 사람 | 数 수, 갯수 | 変わる 변하다, 바뀌다

9 아이와 함께 둘이서 2개 반을 신청하고 싶습니다. 같은 날에 할 수 있는 것은 언제입니까?

1 10월 4일
2 10월 8일
3 10월 9일
4 10월 11일

정답 3

해설 표를 보고 오전 오후로 두 사람이 가능한 날짜를 고른다. 10월 9일에만 오전에 '집밥 클래스', 오후에 '카페 클래스'가 가능하다.

10 요리 교실에 대해서 알 수 있는 것은 무엇입니까?

1 10월 4일부터 카페 클래스, 10월 11일부터 집밥 클래스가 시작된다.
2 예약은 전화로 하면 된다.
3 중학생은 요리를 할 수 있지만 초등학생은 할 수 없다.
4 앞치마와 수건을 가져가지 않으면 안 된다.

정답 2

해설 1번은 표에 나와있듯이 두 클래스 모두 10월 4일에 시작되므로 오답이다. 3번의 연령에 대한 내용은 「男性も女性も、何さいでも料理が楽しめます(남성이든 여성이든 몇 살이든 요리를 즐길 수 있습니다)」라는 부분이 있으므로 역시 오답이다. 4번은 앞치마, 수건은 이쪽(주최측)에서 준비한다고 되어 있으므로 정답은 2번이다. 「申しこみは前の日までに電話でお願いします(접수는 전 날까지 전화로 부탁합니다)」라는 내용을 확인하자.

(2)

문제 6 오른쪽 페이지의 알림 사항을 보고 아래의 질문에 답하세요. 답은 1·2·3·4에서 가장 적당한 것을 고르세요.

병원에 병문안을 오시는 분들께

【시간 등】
● 방 번호를 접수처에서 확인해 주세요.
● 만날 수 있는 시간은 오후 4시부터 오후 9시까지입니다.
● 오후 6시부터 7시까지는 식사 시간이므로 주의해 주세요.
● 꽃 등, 입원해 있는 분께 가져와서는 안 되는 것이 있습니다.
　오시기 전에 접수처에 물어봐 주세요.

【병원에서 할 수 없는 것】
● 병원 안에서는 담배를 필 수 없습니다.
● 휴대 전화는 방에서 사용할 수 없습니다. 복도나 옥상 등에서 사용해 주세요.
● 다른 사람이 있는 방 안에서는 큰 소리로 말하지 말아 주세요.

【그 외】
● 입원해있는 분이 걱정될 때에는 같은 방에 묵는 것이 가능합니다.
　접수처에 신청해 주세요.
● 입원해 있는 분과 옥상 등에서 함께 산책할 수 있습니다.
　간호사에게 상담해 주세요.
● 주차장은 좁기 때문에 되도록 버스나 전철로 와 주세요.

야마다 병원

어휘 病院 병원 | お見舞い 병문안 | かた 분(사람) | ～へ ～에게 | 時間 시간 | ～など ～등 | へや 방 | 番号 번호 | うけつけ 접수(처) | 確認 확인 | 会う 만나다 | 午後 오후 | ～から ～まで ～부터 ～까지 | 食事 식사 | 注意 주의 | 花 꽃 | 入院 입원 | 持ってくる 가져오다 | ～てはいけない ～해서는 안된다 | 聞く 묻다, 듣다 | できる 할 수 있다 | たばこをすう 담배를 피우다 | 携帯電話 휴대 전화 | 使う 사용하다 | ろうか 복도 | 屋上 옥상 | ほかの～ 다른～ | 大きな～ 큰～ | 声 목소리 | 話す 말하다 | ～ないでください ～하지 마세요 | そのほか 그 외 | 心配 걱정 | とき 때 | おなじ 같음 | とまる 묵다 | ～ことができる ～할 수 있다 | 申し込む 신청하다 | いっしょに 함께 | 散歩 산책 | かんごし 간호사 | 相談 상담 | 駐車場 주차장 | せまい 좁다 | ～ので ～이므로 | できるだけ 가능한 한, 되도록 | バス 버스 | 電車 전철 | ～で ～으로

11 병원 안에서 해서는 안 되는 것은 무엇입니까?
　1 오후 6시에서 7시 사이에 병문안을 가는 것
　2 복도나 옥상 등에서 휴대 전화를 사용하는 것
　3 입원한 사람을 위해서 큰 소리로 노래하는 것
　4 병문안을 올 때 차로 오는 것

정답 3

해설 안내문의 「病院でできないこと(병원에서 할 수 없는 것)」이라는 부분을 보면, 세 번째에 「ほかの人がいるへやの中で は大きな声で話さないでください(다른 사람이 있는 방 안에서는 큰 소리로 말하지 말아 주세요)」라는 부분이 있으므 로 답은 3번이 된다. 특히 4번의 경우, 안내문의 제일 마지막 부분에 「駐車場はせまいのでできるだけバスや 電車で きてください(주차장은 좁으므로 되도록 버스나 전철로 와주세요)」라고 되어있으나 주차장이 좁다고 한 것일 뿐 주차가 불가능한 것은 아니기 때문에 오답이다.

---

12 간호사에게 묻지 않으면 안 되는 것은 무엇입니까?

   1 입원해 있는 사람의 방 번호

   2 입원해 있는 사람에게 무엇을 주면 좋을까 하는 것

   3 입원해 있는 사람과 같은 방에 묵는 것

   4 입원해 있는 사람과 함께 산책해도 되는가 하는 것

정답 4

해설 「かんごし(간호사)」가 언급되어 있는 부분은 「そのほか(그 외)」의 두 번째 항목이다. 「入院しているかたと屋上など でいっしょに散歩することができます。かんごしに相談してください(입원해 있는 분과 옥상 등에서 함께 산책 할 수 있습니다. 간호사에게 상담해 주세요)」라고 되어 있으므로 답은 4번이다. 전체를 다 읽으려고 하지 말고 필요한 부분 만 선택적으로 읽는 훈련이 필요하다.

JLPT N4

실전모의테스트
1회

독해

もんだい4 つぎの(1)から(4)の文章を読んで、質問に答えてください。答えは、

1・2・3・4から、いちばんいいものを一つえらんでください。

(1)

ジュンさんから携帯電話の「ショートメール」がきました。

山崎さん

ジュンです。

きょうは駅前のレストランで会う約束でしたが、店は休みだそうです。他の場所をさがしたら、いいところがありました。

午後6時に駅の北口で会って、一緒に行きましょう。ただその店は予約しないとだめなんですって。わたしは今から会議なので、山崎さんが連絡してくれませんか。予約できたらまたメールを送ってください。

　　　　　　　　　　　　　　　　　　　　　　　　よろしくお願いいたします。

---

26 山崎さんはこのメールを読んで、まず何をしなければなりませんか。

1　他のレストランをさがす。

2　午後6時に北口で待つ。

3　レストランの予約をする。

4　ジュンさんに返事をする。

（2）
つぎは外国語とカタカナ語について書かれた作文です。

　日本では外国語や、外国人の名前、国の名前などはカタカナで書きます。でも発音がずいぶん違うので、外国人がわからないこともよくあります。たとえば「グッドモーニング」とか「ハロー」などです。「ガソリンスタンド」や「パソコン」は日本人ならすぐにわかりますが、英語ではなくて日本で作られたことばだと言われています。だから、ひらがなや漢字で書くことばのように、カタカナ語も日本語だと思って覚えればいいと思います。

27　この人が言いたいことは何ですか。

　　1　「グッドモーニング」は日本で作られたことばだ。

　　2　「パソコン」はじょうずに発音すれば、外国人がわかるようになる。

　　3　カタカナ語は日本語だと思って覚えればいい。

　　4　カタカナ語は英語になおさなければならない。

（3）

デパートの入口にお知らせが書いてありました。

お知らせ

いつもありがとうございます。

○○デパートは6月3日から5日まで、玄関工事のためお休みをいただきます。たいへんご不便をおかけして申し訳ございませんが、どうぞよろしくお願いいたします。
また、工事中でもレストランはご利用いただけます。レストランを利用するお客様は、駐車場にあるエレベーターで屋上に上がれば、11時から22時まで利用できます。

○○デパート

---

28 このお知らせから何がわかりますか。

1　レストランは6月3日から5日まで休む。

2　デパートの駐車場を工事する。

3　エレベーターは11時から利用できる。

4　レストランは屋上にある。

（4）
つぎは日本の着物について書かれた文章です。

　　日本人は生まれてから死ぬまでに何回か、着物を着る機会があります。たとえば二十歳のお祝いをする「成人の日」。卒業式や結婚式にも特別な着物を着るし、パーティーで着ることもあります。「ねだんが高い」「歩くときに不便」という人もいますが、着物は今も生活の中に生きている文化のひとつです。それを大事にしたいと思うから、おおくの日本人が着るのではないでしょうか。外国人のみなさんも日本の文化を知るために、いちど着物を着てみませんか。

29　この人はどうして日本人が着物を着ると思っていますか。

　1　結婚式で着たいから

　2　みんなが着ているから

　3　日本の文化を大事にしたいから

　4　日本の文化を知りたいから

もんだい5 つぎの文章を読んで、質問に答えてください。答えは、

1・2・3・4から、いちばんいいものを一つえらんでください。

　コンビニに行けばたくさんの品物があります。お菓子や、おべんとう、本やチケットも買えます。でもコンビニは品物を売るだけではありません。子どもの教育を手伝うこともあります。小学生や中学生が社会を知る機会を作るために、学校の先生と話し合って、コンビニで仕事をする授業が考えられました。生徒たちは朝早く、コンビニに行って、店の人からあいさつを勉強します。でも「いらっしゃいませ」や「ありがとうございます」ということばが、本当にお客さんがきたときは、①言いにくいようでした。はずかしくて顔を赤くしている生徒もいました。

　午後３時にやっと仕事が終わりました。あとでどうだったか聞くと「毎日きているコンビニがこんなにたいへんな仕事をしていることはぜんぜん知りませんでした」と答えてくれました。帰るとき、生徒たちは店の人たちにこんどは大きな声で「ありがとうございます」と言えました。それは心から出る②本当のあいさつでした。私はその気持ちをいつも忘れないでほしいと思いました。

30 コンビニで仕事をする授業は何のためにしていますか。

1　あいさつを勉強するため

2　国語を勉強するため

3　品物のねだんを知るため

4　社会のことを知るため

31 お客さんにあいさつが①言いにくいのは、なぜですか。

1　恥ずかしいから

2　発音がむずかしいから

3　間違うとしかられるから

4　あいさつが嫌いだから

32 ②<u>本当のあいさつ</u>とは、どんなあいさつですか。

    1　まちがえないで言えるあいさつ

    2　はずかしくないあいさつ

    3　心から出るあいさつ

    4　大きな声でいうあいさつ

33 この文を書いた人は、生徒たちが何を勉強したと思っていますか。

    1　あいさつが難しいということ

    2　コンビニにある品物のねだん

    3　働いている人たちに「ありがとう」と思う気持ち

    4　コンビニは社会に必要だということ

もんだい6　右のページは、「汽車ホテルの利用案内」です。案内を見ながら質問に答えてください。答えは、1・2・3・4から、いちばんいいものを一つえらんでください。

[34]　田中さんは3人家族で1泊2日間、安く泊まりたいです。弁当は家で作って行くつもりですが、夜展望車は利用したいです。全部でいくらかかりますか。

1　9,000円

2　11,100円

3　11,700円

4　12,000円

[35]　レストランで食事をしたい人は、どうしたらいいですか。

1　10月10日までに予約すればいい。

2　ホテルを利用する日の一週間前まで予約すればいい。

3　食事する日の12時まで予約すればいい。

4　食事する日の2時間前まで予約すればいい。

汽車ホテル　4月　OPEN！

　今年の４月１０日から１０月１０日まで、山中市の「夢公園」で汽車ホテルがみなさんをお待ちします。これは昔、山中市から高田市まで走っていた汽車の中をホテルのように作りなおして、旅行に来た皆さんをお迎えするものです。料金などは次のようになっています。

【利用料金】

A室	２段ベッド	一人　3,500円
B室	３段ベッド	一人　3,000円
一人室	一人ベッド	5,000円
レストラン	食事メニュー（別紙）	
展望車	二階のテーブル席	一人　700円

※別紙　【レストランメニュー】

いなかべんとう	800円	
汽車べんとう	1,200円	
夢カレー	1,000円	
野菜サンドイッチ	900円	コーヒーつき

【利用上の注意】

① ホテルを利用する方は利用する日の１週間前までに電話かインターネットで申し込んでください。

② レストランは予約制です。かならずホテルを申し込むときに予約してください。

③ 展望車は２０人まで入れます。一人２時間まで700円必要です。

④ 夜12時には電気が消えます。（小さい電気はついています。）

JLPT N4

실전모의테스트 2회

독해

もんだい4 つぎの(1)から(4)の文章を読んで、質問に答えてください。答えは、1・2・3・4から、いちばんいいものを一つえらんでください。

(1)

つぎはジョージさんが国の両親に送った手紙です。

おとうさん、おかあさん、お元気ですか。

今年のおかあさんの誕生日にはいっしょにいられませんが、遠くから健康を祈っています。ぼくがいっしょうけんめい日本語を勉強したことを知ってもらいたくて日本語で手紙を書きました。英語の手紙もいっしょにおくります。それに、はしの使い方も日本人のようにじょうずになりました。今ではステーキもスープもみんなはしで食べられます。日本料理を食べている写真もふうとうに入れました。今年の夏には家に帰ります。一日も早く会いたいです!

ジョージより

---

26 ジョージさんが日本語で手紙を書いたのはどうしてですか。

1 おかあさんの誕生日だから

2 日本語をいっしょうけんめい勉強したことを知ってほしいから

3 はしの使い方がじょうずになったから

4 日本料理を食べている写真を見てもらいたいから

（2）

　　自転車は便利なので使う人が多いです。駅までは自転車で行き、電車に乗りかえて会社に行ったり、買い物をするときも、近いところならたいてい自転車で行きます。でも最近はいろいろな問題があります。人が歩くせまい道に自転車を置いたり、小さい子どもがぶつかってけがをすることもあります。もっと危険なのはスマホを見ながら走ったり、荷物や子どもをたくさんのせて走る自転車です。今自転車は、車と同じ道を走るようになっていますから、事故が心配です。

27 自転車で一番危険なことはどんなことでしょうか。

　1　近いところなのに自転車で行くこと

　2　電車にのりかえること

　3　自転車をとめてスマホを見ること

　4　子どもや荷物をたくさんのせて走ること

（3）

つぎは地震が起きたことを知らせるメールです。

お知らせ

きょう午後3時30分に大きな地震が起きました。これから次のことに気をつけてください。

①建物が大きくゆれても、すぐに外に出ないこと

②火を使っていたら、かならず火を消すこと

③ガラスがわれていることがあるので、くつをはいて歩くこと

④体育館など大きな建物があるところに行って、お知らせがあるまで待っていること

以上です。また、この地震でつなみが起きる心配はありません。

---

28 この知らせをみて、これから何に気をつけなければならないですか。

1　建物が大きくゆれたら、すぐ外に出る。

2　火が消えるまで家で待つ。

3　危険なのでくつをはいてから歩く。

4　体育館は人がたくさんいるので、車のなかで待つ。

（4）

デパートにつぎのようなポスターがはってありました。

特別セールが始まります！

11月10日から一週間、秋の特別セールをします。

たとえば、りんごが3個で300円、アイスクリームはどれでも5つ350円です。旅行に必要なスーツケースもはじめの値段から5000円安くしています。また秋の服は半分の値段で買える最後のチャンスです。他にも驚くほど安い品物をたくさん準備してみなさんをお待ちしていますので、ぜひご来店ください！

---

29 つぎの中で正しいものはどれですか。

1 アイスクリーム1個より、りんご1個のほうが安い。

2 11月10日から16日までセールをする。

3 スーツケースが5000円で買える。

4 秋の服は来月になればもっと安く買える。

もんだい5 つぎの文章を読んで、質問に答えてください。答えは、1・2・3・4から、

いちばんいいものを一つえらんでください。

　50さいまで一度も結婚したことがない男性は、今4人に一人だそうです。結婚についてはいろいろな考え方があると思いますが、今では多くの人たちが一人で行動することが普通になっています。最近会社で働く女性の行動について、おもしろい話を聞きました。ひとりでカラオケを楽しむ人が4人に一人、経験がない人も50％以上が一人で行ってみたいそうです。会社の人と昼食をいっしょにするかという質問には、何か理由を作って一週間に2回か3回は一人で食べる人も多いようです。①食事の時間まで会社の人といたくないと思うのは、自分の時間が必要だということでしょう。旅行は必ず一人で行くと言う人もいます。自分が行きたいと思うところに自由に行きたいからだそうです。女性の場合は二人以上で行く方が安心だという人もいて②これもいろいろです。お酒はどうでしょうか。本当に好きな人は一人で飲みたいといいますが、お店に行けばたくさんの女性が一つのテーブルで楽しく飲む「女子会」も多いようです。ひとりでするか、みんなでするか。どちらか一つではなく、その日の気分で決めればいいことですね。

[30] ①食事の時間まで会社の人といたくない理由は何でしょうか。

1　4人に1人はひとりで食べるから

2　一週間に2回は1人と決まっているから

3　自分の時間が必要だから

4　好きなものが同じじゃないから

[31] このアンケート調査でわかったのはどれか。

1　結婚しない男性は結婚しない女性より多い。

2　一人でカラオケを楽しむ女性は、ひとりで食事する人より多い。

3　一人で旅行に行く女性は二人で行くより安心できる。

4　お店に行くと女子会で飲む女性が多い。

32 ②これもとはなんでしょうか。

1 旅行に一人で行くか、二人以上で行くか。

2 結婚するかしないか。

3 会社の人と一週間に２回食事をするか、３回するか。

4 女子会で一つのテーブルで飲むか、二つのテーブルで飲むか。

33 この文を書いた人は一人でする行動をどう考えていますか。

1 50さいまで結婚しないのはいいことだと考えている。

2 一人で食事をするときは理由が必要だと考えている。

3 一人で行動するかどうかはその日の気分で決めればいいと考えている。

4 女性が一人で旅行するのは危険だと考えている。

もんだい6　右のページは、「読書についての調査」を説明する新聞記事です。内容を
　　　　　見ながら質問に答えてください。答えは、１・２・３・４から、いちばん
　　　　　いいものを一つえらんでください。

34　表を見てわかることは何ですか。

　　1　本を読む人より本を読まない人のほうが多い。

　　2　３さつ以上読む人は１さつか２さつ読む人より多い。

　　3　61さい以上の人は21さいから30さいの人より本を読まない。

　　4　61さい以上の人はぜんぜん本を読まない。

35　本を読まない理由として正しくないのはどれか。

　　1　仕事が忙しいから本が読めなくなる。

　　2　61さい以上になると本がぜんぜん読めない。

　　3　スマホを使うから本を読まなくなる。

　　4　テレビを見るから本が読みたくない。

読書についての調査

【表1】 1か月にどのくらい本を読むか

ぜんぜん読まない	47%
1〜2さつ読む	34%
3〜4さつ読む	12%
5さつ以上読む	7%

【表2】本をぜんぜん読まない人

21〜30さい	30%
31〜40さい	45%
41〜50さい	40%
51〜60さい	50%
61さい以上	60%

※このアンケートでは本を読まない理由として、次のことがわかりました。

• 仕事や勉強がいそがしくて本が読めない。

• ねんれいが高くなると健康のために本を読まないことになる。

• スマホ、パソコンを使うため本を読まなくなる。

• テレビがおもしろくて本が読みたくなくなる

|M|E|M|O|

실전모의테스트 1회

독해

문제 4 다음 (1)에서 (4)까지 글을 읽고 질문에 답해 주세요. 답은 1·2·3·4 에서 가장 적당한 것을 하나를 고르세요.

(1) 준에게서 문자 메시지가 왔습니다.

　야마자키 씨, 준입니다. 오늘은 역 앞의 레스토랑에서 만날 약속이었는데, 가게가 휴일이라고 합니다. 다른 장소를 찾았더니 좋은 곳이 있었습니다. 오후 6시에 역의 북쪽 출구에서 만나서 같이 갑시다. 다만 그 가게는 예약을 하지 않으면 안 된다고 합니다. 저는 지금부터 회의라서 야마자키 씨가 연락해 주지 않겠습니까? 예약하면 다시 메일을 보내 주세요. 잘 부탁드립니다.

> **어휘** 　駅前 역 앞 | 約束 약속 | 他の 다른 | 場所 장소 | さがす 찾다 | 北口 북쪽 출구 | ただ 다만, 단지 | 予約 예약
> | 会議 회의 | 連絡 연락 | 送る 보내다

26 야마자키 씨는 이 메세지를 읽고, 우선 무엇을 하지 않으면 안 됩니까?

　1　다른 레스토랑을 찾는다.

　2　오후 6시에 북쪽 출구에서 기다린다.

　3　레스토랑 예약을 한다.

　4　준 씨에게 답장을 한다.

정답 3

해설 독해 문제는 「ただ(다만, 그러나)」처럼 특별히 강조나 예외 사항을 말하는 접속사에 주의해야 한다 . 이 문제도 「ただその店は予約しないとだめなんですって。~山崎さんが連絡してくれませんか。(다만 그 가게는 예약을 하지 않으면 안 된다고 합니다. ~야마자키 씨가 연락해 주지 않겠습니까?)」 부분을 보면 정답을 쉽게 찾을 수 있다.

(2) 다음은 외국어와 가타가나어에 대해서 쓰인 작문입니다.

　일본에서는 외국어나 외국인의 이름, 나라 이름 등은 가타카나로 쓴다. 그러나 발음이 아주 달라서 외국인이 이해를 못하는 일도 종종 있다. 예를 들면, '굿모닝' 이라든가 '헬로'같은 것이다. '가솔린 스탠드'나 '파소콘(퍼스널 컴퓨터)'은 일본인이라면 바로 알 수 있지만 영어가 아니고 일본에서 만들어진 말이라고 한다. 따라서 히라가나와 한자로 쓰는 말처럼 가타카나어도 일본어라고 생각하고 외우도록 하자.

> **어휘** 　国 나라 | 発音 발음 | ずいぶん 매우 | 違う 다르다 | たとえば 예를 들면 | ガソリンスタンド 주유소 | パソ
> コン (퍼스널) 컴퓨터 | 作る 만들다 | ことば 단어, 말 | 漢字 한자 | 覚える 외우다

27 이 사람이 말하고 싶은 것은 무엇입니까?

　1　'굿모닝'은 일본에서 만들어진 말이다.

　2　'파소콘'은 잘 발음하면 외국인이 이해할 수 있게 된다.

　3　가타카나어는 일본어라고 생각하고 외우면 된다.

　4　가타카나어는 영어로 고치지 않으면 안 된다.

정답 3

해설 단문의 경우, 필자의 주장은 대부분 결론 부분에 나와 있으며 「~と思います(~이라고 생각합니다)」에 주목하자. 이 문제도 마지막 부분에 「カタカナ語も日本語だと思って覚えればいいと思います。」가 등장한다. '가타카나 어도 일본어라고 생각하고 외우면 된다고 생각합니다'라고 했으므로 정답은 3번이 된다.

(3) 백화점 입구에 공지사항이 쓰여 있습니다.

공지사항

항상 감사드립니다

○○ 백화점은 6월 3일부터 5일까지, 현관 공사로 인해 휴업을 합니다. 매우 불편을 끼쳐드려 죄송합니다만 잘 부탁드리겠습니다. 또한 공사 중이라도 레스토랑은 이용하실 수 있습니다. 레스토랑을 이용하는 손님은 주차장에 있는 엘리베이터로 옥상에 올라가면 11시부터 22시까지 이용할 수 있습니다.

어휘 玄関工事 현관 공사 | たいへん 매우, 몹시, 대단히 | 不便 불편 | 申し訳ございません 죄송합니다 | 工事中 공사 중 | 利用 이용 | お客様 손님 | 駐車場 주차장 | エレベーター 엘리베이터 | 屋上 옥상 | 上がる 올라가다

28 이 공지사항으로부터 무엇을 알 수 있습니까?
1 레스토랑은 6월 3일부터 5일까지 쉰다.
2 백화점 주차장을 공사한다.
3 엘리베이터는 11시부터 이용할 수 있다.
4 레스토랑은 옥상에 있다.

정답 4

해설 본문에서 레스토랑을 이용하실 분은 「駐車場にあるエレベーターで屋上に上がれば~利用できます (주차장에 있는 엘리베이터로 옥상으로 올라가면~이용할 수 있다.)」라고 말하고 있으므로 레스토랑이 옥상에 있다는 것을 알 수 있다. 이 문제에서 주의할 점은 백화점과 레스토랑을 같은 개념으로 생각하면 안 된다. 공사를 진행하는 것은 백화점이고 레스토랑은 공사 중에도 영업을 한다. 이점만 잘 파악한다면 선택지 1, 2, 3번이 오답이라는 것을 알 수 있다.

(4) 다음은 일본의 기모노에 대해 쓰인 문장입니다.

일본인은 태어나서부터 죽을 때까지 몇 번인가 기모노를 입을 기회가 있습니다. 예를 들면 스무 살을 축하하는 '성년의 날'. 졸업식이나 결혼식에도 특별한 기모노를 입고, 파티에서 입는 일도 있습니다. '가격이 비싸다', '걸을 때 불편하다'라는 사람도 있지만, 기모노는 지금도 생활 속에 살아 있는 문화 중 하나입니다. 그것을 소중히 여기고 싶어서 많은 일본인이 입는 것이 아닐까요? 외국인 여러분들도 일본의 문화를 알기 위하여 한번 기모노를 입어 보지 않겠습니까?

어휘 生まれる 태어나다 | 何回 몇 번 | 着る 입다 | 機会 기회 | たとえば 예를 들면 | お祝い 축하 | 卒業式 졸업식 | 結婚式 결혼식 | 特別だ 특별하다 | 歩く 걷다 | 不便だ 불편하다 | 生活 생활 | 生きる 살다 | 文化 문화 | 大事に 소중하게

29 이 사람은 왜 일본인이 기모노를 입는다고 생각하고 있습니까?

1 결혼식에서 입고 싶기 때문에

2 모두가 입고 있기 때문에

3 일본의 문화를 소중히 하고 싶기 때문에

4 일본의 문화를 알고 싶기 때문에

정답 3

해설 필자가 본인의 의견을 완곡히 말하고자 할때 「～ではないだろうか(～인 것은 아닐까?)」등의 표현을 사용한다. 본문 내용 중 「着物は今も生活の中に生きている文化のひとつです。それを大事にしたいと思うから、おおくの日本人が着るのではないでしょうか。(기모노는 지금도 생활 속에 살아 있는 문화 중 하나입니다. 그것을 소중히 여기고 싶어서 많은 일본인이 입는 것이 아닐까요?)」라고 필자 본인의 의견을 말하고 있으므로 정답은 3번이다.

문제 5 다음 문장을 읽고 질문에 답하시오. 답은 1・2・3・4에서 가장 좋은 것을 하나 고르시오.

편의점에 가면 많은 물건이 있습니다. 과자나 도시락, 책이나 티켓도 살 수 있습니다. 그러나 편의점은 물건을 팔기만 하는 것은 아닙니다. 아이들의 교육을 도와주는 일도 있습니다. 초등학생이나 중학생이 사회를 아는 기회를 만들기 위해서, 학교 선생님들과 서로 의논해서 편의점에서 일을 하는 수업을 생각하게 되었습니다. 학생들은 아침 일찍 편의점에 가서 점원에게서 인사를 공부합니다. 그러나 '어서 오세요'와 '감사합니다'라는 말이 정말로 손님이 왔을 때는 ①말하기 어려운 것 같았습니다. 부끄러워서 얼굴을 붉히는 학생도 있었습니다. 오후 3시에 간신히 일이 끝났습니다. 나중에 어땠었냐고 물었더니 '매일 오고 있는 편의점이 이렇게 힘든 일을 하고 있는 것은 전혀 몰랐습니다'라고 답해 주었습니다. 집에 갈 때 학생들은 점원들에게 이번에는 큰 소리로 '감사합니다'라고 말했습니다. 그것은 마음으로부터 나오는 ②진정한 인사였습니다. 나는 그 마음을 항상 잊지 않기를 바란다고 생각했습니다.

어휘 品物 물건 | お菓子 과자 | 売る 팔다 | 教育 교육 | 手伝う 돕다 | 社会 사회 | 機会 기회 | 話し合う 의논하다 | 生徒 학생 | あいさつ 인사 | 顔 얼굴 | 赤い 빨갛다 | やっと 간신히, 겨우 | 答える 대답하다 | 声 목소리 | 心 마음 | 忘れる 잊다

30 편의점에서 일을 하는 수업은 무엇을 위해서 하고 있습니까?

1 인사를 공부하기 위해

2 국어를 공부하기 위해

3 물건의 가격을 알기 위해

4 사회에 대해 알기 위해

정답 4

해설 중문 문제는 글의 흐름이 서론(문제 제기) – 본론 (문제 제기에 대한 예시) – 결론 (필자의 의견)으로 이루어져 있다는 것을 생각하며 문제를 풀자. 편의점에서의 수업 목적은 서론 부분에 나와 있다. 「小学生や中学生が社会を知る機会を作るために～コンビニで仕事をする授業が考えられました。(초등학생이나 중학생이 사회를 아는 기회를 만들기 위해서~편의점에서 일을 하는 수업을 생각하게 되었습니다.)」에서 밑줄 부분을 보면 정답은 4번이다.

31 손님에게 인사를 ①하기 어려운 것은 왜입니까?

1 부끄럽기 때문에

2 발음이 어렵기 때문에

3 틀리면 혼나기 때문에

4 인사를 싫어하기 때문에

정답 1

해설 밑줄 문제는 일반적으로 바로 앞이나 바로 뒤에 정답이 숨어 있다. 「はずかしくて顔を赤くしている生徒もいました。(부끄러워서 얼굴을 붉히는 학생도 있었습니다.)」에서 정답을 쉽게 찾을 수 있다. 독해 문제를 풀 때에는 본인의 상상력이 들어가서는 안 된다. 선택지 2, 3, 4번은 본문에서 언급하지 않은 내용이기 때문에 혼동해서는 안 된다.

32 ②진정한 인사라는 것은 어떤 인사입니까?

1 틀리지 않고 말할 수 있는 인사

2 부끄럽지 않은 인사

3 마음으로부터 나오는 인사

4 큰 소리로 말하는 인사

정답 3

해설 ②바로 앞부분에 정답의 근거가 있다. 「それは心から出る②本当のあいさつでした。(그것은 마음으로부터 나오는 진정한 인사였습니다.)」에서 밑줄을 보면 정답은 3번 마음으로부터 나오는 인사가 된다. 선택지 2번 부끄럽지 않은 인사는 「はずかしい」라는 어휘가 나오긴 했지만 진정한 인사와 연관 짓기 힘들고, 선택지 4번의 경우는 큰소리로 말해서 진정한 인사라고 단정 지을 수 없으며 인사할 때의 상황만을 설명해 준 것뿐이다.

33 이 문장을 쓴 사람은 학생들이 무엇을 공부했다고 생각하고 있습니까?

1 인사가 어렵다는 것

2 편의점에 있는 물건의 가격

3 일하고 있는 사람들에게 고맙다고 생각하는 마음

4 편의점은 사회에 필요하다고 하는 것

정답 3

해설 글 후반부 「あとでどうだったか聞くと〜」이후의 내용을 살펴보면 일이 끝난 뒤에 어땠냐는 질문에 '매일 오는 편의점이 이렇게 힘든 일을 하는 것은 잘 몰랐다'고 말하며, 큰 소리로 「ありがとうございます」라고 마음에서 우러나는 진정한 인사를 하였다. 이러한 고마운 마음을 학생들이 잊지 않기를 바란다고 필자는 이야기하고 있다. 즉 정답은 3번이다.

문제 6 오른쪽 페이지의 「기차호텔의 이용 안내」를 보고 아래 질문에 대답해 주세요. 답은 1 · 2 · 3 · 4 중에서 가장 적당한 것을 하나 골라 주세요.

34 다나카 씨는 3인 가족으로 1박 2일간 저렴하게 묵고 싶습니다. 도시락은 집에서 만들어 갈 생각인데 야간 전망차를 이용하고 싶습니다. 전부 다 해서 얼마가 듭니까?

1 9,000엔

2 11,100엔

3 11,700엔

4 12,000엔

정답 2

해설 우선 3인 가족이고 싸게 묵고 싶다면 B실 3층 침대를 이용하는 것이 좋다. B실 이용 금액은 1인당 3,000엔이므로 9,000엔(3000엔X3)이 된다. 도시락은 싸 오기 때문에 식사 요금은 들지 않지만 전망차는 이용하고 싶다고 했으므로, 전망차 3인 2,100엔(700엔X3) 을 더하면, 11,100엔이 된다.

35 레스토랑에서 식사를 하고 싶은 사람은 어떻게 하면 될까요?

1 10월 10일까지 예약하면 된다.

2 호텔을 이용하는 날 일주일 전까지 예약하면 된다.

3 식사하는 날 12시까지 예약하면 된다.

4 식사하는 날 2시간 전까지 예약하면 된다.

정답 2

해설 정보검색 문제에서는 주의 사항처럼 강조하는 표시는 주의해야 한다. 주의 사항 1번과 2번을 보면 호텔 이용은 이용하는 날 일주일 전까지 전화나 인터넷으로 신청하면 되고, 레스토랑은 예약제라 반드시 호텔을 신청할 때에 예약해야 한다고 언급하고 있으므로 정답은 2번이다. 선택지 1번 '10월 10일까지'는 호텔 이용 기간이므로 혼동해서는 안 된다.

기차호텔 4월 OPEN!

올해 4월 10일부터 10월 10일까지 야마나카시의 '꿈의 공원'에서 기차호텔이 여러분을 기다립니다. 이것은 옛날에 야마나카시에서 다카다시까지 달렸던 기차 안을 호텔처럼 다시 만들어 호텔에 온 여러분들을 맞이하는 것입니다. 요금 등은 다음과 같습니다.

〈이용 요금〉

A실	2층 침대	1명 3,500엔
B실	3층 침대	1명 3,000엔
1인실	1인 침대	5,000엔
레스토랑	식사 메뉴(별지)	
전망차	2층 테이블 석	1명 700엔

* 별지

〈레스토랑 메뉴〉

시골 도시락	800엔	
기차 도시락	1,200엔	
꿈의 카레	1,000엔	
채소 샌드위치	900엔	커피 제공

이용상 주의

1 호텔을 이용할 분은 이용하는 날짜의 1주일 전까지 전화나 인터넷으로 신청을 해 주세요.

2 레스토랑은 예약제입니다. 반드시 호텔을 신청할 때 예약을 해 주세요.

3 전망차는 20명까지 들어갈 수 있습니다. 한 사람 2시간까지 700엔이 필요합니다.

4 밤 12시에는 전기가 꺼집니다. (작은 전기는 켜져 있습니다)

어휘 汽車 기차 | 作りなおす 다시 만들다 | 迎える 맞이하다 | 料金 요금 | 利用 이용 | 申し込む 신청하다 | 予約制 예약제 | 展望車 전망차 | 消える 꺼지다 | つく 켜지다

실전모의테스트 2회

독해

문제 4 다음 (1)에서 (4)까지 글을 읽고 질문에 답해 주세요. 답은 1 · 2 · 3 · 4에서 가장 적당한 것을 하나를 고르세요.

(1)

다음은 조지 씨가 고국의 부모님께 보낸 편지입니다.

아버지, 어머니, 잘 지내세요? 올해 어머니 생일에는 함께 있을 수 없지만 멀리서 건강을 기원하고 있습니다.

제가 열심히 일본어를 공부한 것을 알려 드리려고 일본어로 편지를 썼습니다. 영어로 쓴 편지도 함께 보냅니다. 게다가 젓가락 사용법도 일본인처럼 능숙해졌습니다. 지금은 스테이크도 수프도 모두 젓가락으로 먹을 수 있습니다. 일본 요리를 먹고 있는 사진도 봉투에 넣었습니다. 올해 여름에는 집에 가겠습니다. 하루라도 빨리 보고 싶습니다.

– 조지로부터

어휘 両親[りょうしん] 양친, 부모님 | 送[おく]る 보내다 | 手紙[てがみ] 편지 | お元気[げんき]ですか 잘 지내세요?, 안녕하세요? | 誕生日[たんじょうび] 생일 | 遠[とお]く 멀리 | 健康[けんこう] 건강 | 祈[いの]る 기원하다, 기도하다 | 勉強[べんきょう] 공부 | それに 게다가 | はし 젓가락 | 使[つか]い方[かた] 사용법 | ステーキ 스테이크 | スープ 수프 | 料理[りょうり] 요리 | 写真[しゃしん] 사진 | ふうとう 봉투 | 入[い]れる 넣다 | 夏[なつ] 여름 | 帰[かえ]る 돌아가다, 돌아오다 | 一日[いちにち]も 하루라도 | 早[はや]く 빨리 | 会[あ]う 만나다

26 조지 씨가 일본어로 편지를 쓴 것은 왜입니까?

1 어머니의 생일이라서

2 일본어를 열심히 공부한 것을 알아줬으면 해서

3 젓가락 사용법이 능숙해져서

4 일본요리를 먹고 있는 사진을 보여주고 싶어서

정답 2

해설 단문 문제를 풀 때에는 먼저 질문을 읽고 어떤 정보를 얻어야 하는지부터 파악해야 한다. 이 문제는 조지가 왜 일본어로 편지를 썼는지를 묻고 있다. 글 중간에 「いっしょうけんめい日本語を勉強したことを知ってもらいたくて日本語で手紙を書きました。(제가 열심히 일본어를 공부한 것을 알려 드리려고 일본어로 편지를 썼습니다.)」라는 부분이 나온다. 비교적 간단하게 2번이 정답인 것을 알 수 있다. 「~てもらいたい・~てほしい」는 상대방에게 '~을 해 줬으면 좋겠다'는 화자의 희망과 요구를 나타낸다. 선택지 1번, 3번, 4번은 본문에서 언급은 했지만 일본어로 편지 쓴 이유로는 적합하지 않다.

(2)

자전거는 편리해서 사용하는 사람이 많습니다. 역까지는 자전거로 가서 전철로 갈아타고 회사를 가기도 하고, 쇼핑을 할 때도 가까운 곳이라면 대개 자전거로 갑니다. 하지만 최근에는 다양한 문제가 있습니다. 사람이 걷는 좁은 길에 자전거를 놓기도 하고, 어린 아이가 부딪혀서 다치는 일도 있습니다. 더 위험한 것은 스마트폰을 보면서 달리거나, 짐이나 아이를 많이 태우고 달리는 자전거입니다. 현재 자전거는 차와 같은 길을 달리게 되어 있기 때문에 사고가 걱정입니다.

어휘 自転車[じてんしゃ] 자전거 | 便利[べんり] 편리 | 駅[えき] 역 | 乗[の]り換[か]え 환승 | 最近[さいきん] 최근 | 問題[もんだい] 문제 | けが 상처, 부상 | 置[お]く 두다 | 危険[きけん] 위험 | スマホ 스마트폰 | 荷物[にもつ] 짐 | のせる 싣다 | 事故[じこ] 사고 | 心配[しんぱい] 걱정

27 자전거에서 가장 위험한 것은 어떤 것입니까?

  1 가까운 곳인데도 자전거로 가는 것

  2 전철로 갈아타는 것

  3 자전거를 세우고 스마트폰을 보는 것

  4 아이나 짐을 많이 싣고 달리는 것

정답 4

해설 네 번째 문장에서도 자전거와 관련된 문제점을 말하고 있지만, 다섯 번째 문장「もっと危険なのはスマホを見な
がら走ったり、荷物や子どもをたくさんのせて走る自転車です。(더 위험한 것은 스마트폰을 보면서 달리거
나, 짐이나 아이를 많이 태우고 달리는 자전거입니다.)」에서 가장 위험한 두 가지에 대해 말하고 있다. 후반부에 언
급한 내용이 선택지 4번과 일치하므로 정답은 4번이다.

(3)

다음은 지진이 일어난 것을 알려 주는 메일입니다.

- 공지사항 -

오늘 오후 3시 30분에 큰 지진이 일어났습니다. 앞으로 다음에 관한 것에 주의해 주세요.

1. 건물이 크게 흔들려도 바로 밖으로 나가지 말 것

2. 불을 사용하고 있다면 반드시 불을 끌 것

3. 유리가 깨져 있는 일이 있으므로 신발은 신고 걸을 것

4. 체육관 등 큰 건물이 있는 곳에 가서 공지 사항이 있을 때까지 기다리고 있을 것

이상입니다. 또한 이 지진으로 해일이 일어날 우려는 없습니다.

어휘 お知(し)らせ 공지사항, 통보, 알림 | 午後(ごご) 오후 | 地震(じしん) 지진 | 気(き)をつける 주의하다 | 建物(たてもの) 건물 | ゆれる 흔들리다 |
火(ひ)を消(け)す 불을 끄다 | ガラス 유리 | われる 깨지다 | 体育館(たいいくかん) 체육관

28 이 공지 사항을 보고 앞으로 무엇에 주의를 해야 합니까?

  1 건물이 크게 흔들리면 바로 밖으로 나간다.

  2 불이 꺼질 때까지 집에 기다린다.

  3 위험하므로 신발을 신고 나서 걷는다.

  4 체육관은 사람이 많이 있으므로 차 안에서 기다린다.

정답 3

해설 공지사항 1번을 보면 건물이 크게 흔들려도 바로 밖으로 나가지 말라고 했고, 2번을 보면 불을 사용하고 있다면 반드
시 불을 끄라고 했으므로, 선택지 1번과 2번은 정답이 아니다. 또한 공지 사항 4번을 보면 체육관 등 큰 건물이 있는
곳에서 공지사항이 있을 때까지 기다리라고 했으므로, 선택지 4번도 정답이 아니다. 공지 사항 3번과 선택지 3번의
내용이 일치하므로 정답은 3번이다.

(4)

백화점에 다음과 같은 포스터가 붙어 있습니다.

> **특별 세일이 시작됩니다!**
>
> 11월10일부터 일주일간, 가을 특별 세일을 합니다.
> 예를 들면 사과가 세 개에 300엔, 아이스크림은 어느 것이나 다섯 개에 350엔입니다. 여행에 필요한 여행용 가방도 처음 가격보다 5천 엔 싸게 하고 있습니다. 또한 가을 옷은 반 가격으로 살 수 있는 마지막 기회입니다. 그 외에도 놀랄만큼 싼 물건을 많이 준비하고 여러분을 기다리고 있으니 꼭 내점해 주십시오!

29 다음 중에서 올바른 것은 무엇입니까?

1 아이스크림 한 개보다 사과 한 개가 싸다.

2 11월 10일부터 16일까지 세일을 한다.

3 여행용 가방을 5000엔에 살 수 있다.

4 가을 옷은 다음 달이 되면 좀 더 싸게 살 수 있다.

정답 2

해설 지문의 내용을 정리하면 다음과 같다.

*11월 10일부터 일주일 동안이므로 16일까지 세일

*사과: 세 개에 300엔 = 한 개에 100엔

*아이스크림: 다섯 개에 350엔 = 한 개에 70엔

*여행용 가방: 처음 가격보다 5000엔 싼 가격

*가을 옷: 50% 할인, 마지막 기회

선택지 1번은 아이스크림 한 개가 사과 한 개보다 비싸다고 했으므로 오답. 2번은 10일부터 일주일간이면 16일까지 세일을 하는 것이므로 정답. 여행용 가방은 5000엔이 아니라 처음 가격보다 5000엔이 싸다고 했으므로 3번은 오답. 가을 옷은 50% 할인이며 마지막 기회라고 했으므로 4번도 오답이다.

문제 5 다음 문장을 읽고 질문에 답하시오. 답은 1·2·3·4에서 가장 좋은 것을 하나 고르시오.

50세까지 한 번도 결혼한 적이 없는 남성은 지금 네 명 중 한 명이라고 합니다. 결혼에 대해서는 여러 가지 생각이 있다고 생각합니다만, 지금은 많은 사람들이 혼자서 행동하는 것이 일반적이게 되었습니다. 최근, 회사에서 일하는 여성의 행동에 대해 재미있는 이야기를 들었습니다. 혼자서 가라오케를 즐기는 사람이 네 명 중에 한 명, 경험이 없는 사람도 50퍼센트 이상이 혼자서 가 보고 싶다고 합니다. 회사 사람과 점심을 함께 하는가,라는 질문에는 무언가 이유를 만들어서 일주일에 두 번이나 세 번은 혼자서 점심을 먹는 사람도 많은 것 같습니다. ①식사 시간까지 회사 사람과 있고 싶지 않다고 생각하는 것은 자신의 시간이 필요하다는 것이겠죠. 여행은 반드시 혼자서 간다고 말하는 사람도 있습니다. 자신이 가고 싶은 곳에 자유롭게 가고 싶기 때문이라고 합니다. 여성의 경우에는 두 명 이상이 가는 쪽이 안심이라고 말하는 사람도 있고 ②이것도 여러 가지입니다. 술은 어떨까요? 정말 좋아하는 사람은 혼자서 마시고 싶다고 말하지만, 가게에 가면 많은 여성이 하나의 테이블에서 즐겁게 마시는 '여자모임'도 많은 것 같습니다. 혼자서 할지 모두와 같이 할지. 그 둘 중 하나가 아니라 그날의 기분에 따라 결정하면 되겠죠.

어휘 一度 한 번 | 結婚 결혼 | 考え方 생각, 사고방식 | 行動 행동 | 普通 보통 | 働く 일하다 | カラオケ 가라오케, 노래방 | 楽しむ 즐기다 | 経験 경험 | 昼食 점심밥 | 理由 이유 | 必要 필요 | 必ず 반드시 | 場合 경우 | 安心 안심 | 女子会 여자들의 모임 | 決める 결정하다

30 ①식사 시간까지 회사 사람과 있고 싶지 <u>않은</u> 이유는 무엇입니까?

1 네 명에 한 명은 혼자서 먹기 때문에

2 일주일에 두 번은 혼자라고 정해져 있기 때문에

3 자신의 시간이 필요하기 때문에

4 좋아하는 것이 똑같지 않기 때문에

정답 3

해설 밑줄 바로 뒷부분을 보면 「自分の時間が必要だということでしょう。(자신의 시간이 필요하다는 것이겠죠.)」라고 했으므로 정답은 3번이다.

31 이 설문 조사로 알 수 있는 것은 무엇입니까?

1 결혼하지 않는 남성은 결혼하지 않는 여성보다 많다.

2 혼자서 가라오케를 즐기는 여성은 혼자서 식사하는 사람보다 많다.

3 혼자서 여행을 가는 여성은 둘이서 가는 사람보다 안심할 수 있다.

4 가게에 가면 여자 모임에서 술을 마시는 여성이 많다.

정답 4

해설 결혼하지 않는 여성에 대해서는 언급하지 않았으며, 혼자 가라오케를 즐기는 여성과 혼자 식사를 하는 사람을 비교해서 언급하지 않았으므로 1번과 2번은 오답. 여성의 경우 둘 이상이 가는 쪽이 마음이 놓인다고 했으므로 3번도 오답. 끝에서 세 번째 문장 후반부에 「お店に行けばたくさんの女性が一つのテーブルで楽しく飲む「女子会」も多いようです。(가게에 가면 많은 여성이 하나의 테이블에서 즐겁게 마시는 '여자 모임'도 많은 것 같습니다.)」라고 했으므로 4번이 정답이다.

32 ②이것도 라는 것은 무엇입니까?

1 여행을 혼자서 갈지 두 명 이상이 갈지.

2 결혼할지 말지.

3 회사 사람과 일주일에 두 번 식사를 할지, 세 번 할지.

4 여자 모임에서 하나의 테이블에서 마실지, 두 개의 테이블에서 마실지.

정답 1

해설 ②これも가 속해 있는 문장보다 앞부분부터 보면 「旅行は必ず一人で行くと言う人もいます。～女性の場合は二人以上で行く方が安心だという人もいて②これもいろいろです。(여행은 반드시 혼자서 간다고 말하는 사람도 있습니다. ～여성의 경우에는 두 명 이상이 가는 쪽이 안심이라고 말하는 사람도 있고 이것도 여러 가지 입니다.)」라고 했으므로 여기서 말하는 '이것'은 여행을 혼자서 갈지 둘 이상이 갈지에 대한 것이다. 따라서 정답은 1번이다.

33 이 문장을 쓴 사람은 혼자서 하는 행동을 어떻게 생각하고 있습니까?

1 50세까지 결혼하지 않는 것은 좋은 일이라고 생각하고 있다.

2 혼자서 식사를 할 때는 이유가 필요하다고 생각하고 있다.

3 혼자서 행동할지 말지는 그날의 기분으로 결정하면 된다고 생각하고 있다.

4 여성이 혼자서 여행하는 것은 위험하다고 생각하고 있다.

정답 3

해설 끝부분 두 문장을 보면 혼자서 할지 다 같이 할지는 그날 기분에 따라 결정하면 된다고 했으므로 정답은 3번이다.

문제 6 **오른쪽 페이지는 독서에 관한 조사를 설명하는 신문기사입니다. 내용을 보면서 질문에 답해 주세요.**

34 표를 보고 알 수 있는 것은 무엇입니까?

1 책을 읽는 사람보다 책을 읽지 않는 사람 쪽이 많다.

2 세 권 이상 읽는 사람은 한 권이나 두 권 읽는 사람보다 많다.

3 61세 이상인 사람은 21세부터 30세인 사람보다 책을 읽지 않는다.

4 61세 이상인 사람은 전혀 책을 읽지 않는다.

정답 3

해설 표1을 보면 책을 전혀 읽지 않는 사람은 47%, 한 권 이상 책을 읽는 사람은 53%(34%+12%+7%)이므로 1번은 오답. 세 권 이상 읽는 사람은 19%, 한두 권 읽는 사람은 34%이므로 2번도 오답. 표2를 보면, 61세 이상은 60%가 책을 읽지 않는다고 했으며, 21~30세는 30%가 책을 읽지 않는다고 했으므로 4번은 오답, 3번이 정답이다.

---

35 책을 읽지 않는 이유로 올바르지 않은 것은 어느 것입니까?

1 일이 바빠서 책을 읽을 수 없게 된다.

2 61세 이상이 되면 책을 전혀 읽을 수 없다.

3 스마트폰을 사용하기 때문에 책을 읽지 않게 된다.

4 TV를 보기 때문에 책을 읽고 싶지 않다.

정답 2

해설 조사 결과 책을 읽지 않은 이유를 정리해 놓은 항목을 보면 답은 쉽게 찾을 수 있다.

두 번째 '연령이 높아지면 건강의 이유로 책을 읽지 않게 된다'는 책을 전혀 읽을 수 없다 뜻이 아니므로 올바르지 않은 선택지가 된다. 또한 선택지 1, 2, 4는 표 아래에 정리된 내용 그대로이므로 올바른 선택지이다. 즉, 정답은 2번이 된다.

독서에 관한 조사

표 1   한 달에 어느 정도 책을 읽는가

전혀 읽지 않는다	47%
1~2권 읽는다	34%
3~4 권 읽는다	12%
5 권 이상 읽는다	7%

표2   책을 전혀 읽지 않는 사람

21~30세	30%
31~40 세	45%
41~50 세	40%
51~60 세	50%
61 세 이상	60%

* 이 설문 조사에서는 책을 읽지 않는 이유로 다음의 사항을 알 수 있었습니다.

● 일이나 공부가 바빠서 책을 읽을 수 없다.

● 연령이 높아지면 건강 때문에 책을 읽지 않게 된다.

● 스마트폰, 개인용 컴퓨터를 사용하기 때문에 책을 읽지 않게 된다.

● TV가 재미있어서 책을 읽고 싶지 않게 된다.

어휘 | 読書 독서 | 調査 조사 | ねんれい 연령 | アンケート 앙케트, 설문 조사 | 理由 이유 | 仕事 일 | 健康 건강 |
スマホ 스마트폰